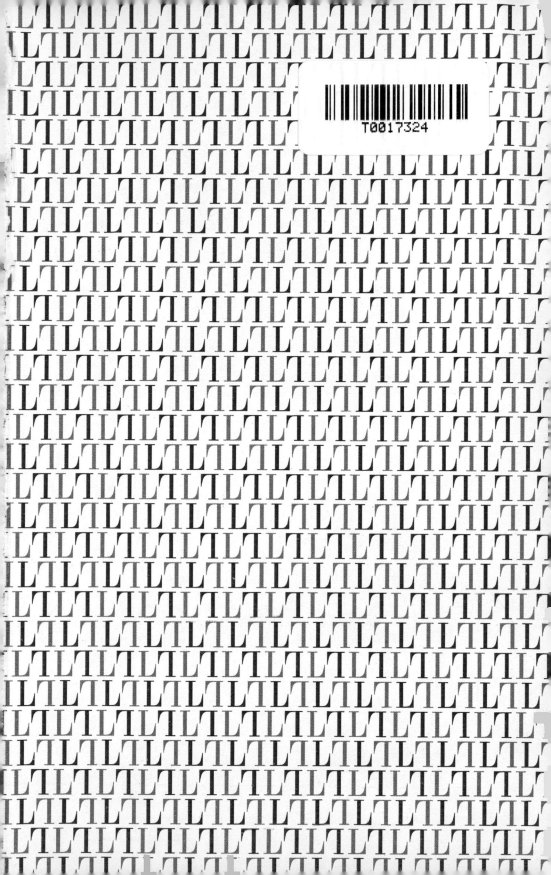

Alberca vacía

Alberca vacía

Isabel Zapata

Lumen

ensayo

El papel utilizado para la impresión de este libro ha sido fabricado a partir de madera
procedente de bosques y plantaciones gestionadas con los más altos estándares ambientales,
garantizando una explotación de los recursos sostenible con el medio ambiente y beneficiosa para las personas.

Alberca vacía

Primera edición en Lumen: septiembre, 2022

D. R. © 2019, 2022, Isabel Zapata

D. R. © 2022, derechos de edición mundiales en lengua castellana:
Penguin Random House Grupo Editorial, S. A. de C. V.
Blvd. Miguel de Cervantes Saavedra núm. 301, 1er piso,
colonia Granada, alcaldía Miguel Hidalgo, C. P. 11520,
Ciudad de México

penguinlibros.com

D. R. © 2022, Alejandro Zambra, por el prólogo

ISBN: 978-607-381-933-6

Impreso en México – *Printed in Mexico*

Para mi hermano Pedro,
por las fotografías que no tomamos

Los paisajes no conservan
lo que sucede en su extensión.
JAVIER PEÑALOSA

Índice

Prólogo

por Alejandro Zambra

"Los libros se inclinan hacia lo definitivo y, comparados con la conversación, salen debiendo", dice Isabel Zapata, y es difícil no estar de acuerdo, aunque después de leer este libro, su libro, prevalece la sensación de que estamos aún en plena sobremesa, con unas cuantas horas por delante para seguir practicando el deporte vertiginoso y sensato de matar el tiempo.

Tampoco sé si este libro se inclina tanto hacia lo definitivo. Sin ir más lejos, conocí una edición anterior, un poco más breve, y al leerla pensé que era un libro-cajón, destinado a recoger numerosos hallazgos futuros. Éste es un libro de ensayos y un ensayo permanente de libro. Su versión final, corregida pero sobre todo aumentada por el tiempo, no podría forzarse, obligarse, porque llegará sola.

No sé cuáles son las maestras de la autora, pero voy a apostar: Wisława Szymborska, Natalia Ginzburg, Hebe

Uhart, Tamara Kamenszain. También, misteriosamente, la narradora Sandra Petrignani, que escribió un ensayo que la autora no ha leído pero que es importantísimo para la existencia de este libro. Tal como ellas, Isabel Zapata no parece interesada en exhibir su originalidad, tal vez por eso sus frases fluyen con una soltura infrecuente, personalísima. Cita mucho pero nos pilla volando bajo, casi no nos damos cuenta de sus énfasis, porque cada frase ajena surge con la naturalidad de un comentario al paso. La literatura tiene que quedarse un rato largo en la vida para volver a ser literatura.

Aunque cada uno de estos ensayos surge de una obsesión y apunta con claridad a un tema, Isabel Zapata siempre consigue sobrevolar lo expositivo o lo informativo. Disuelve sus propias certezas, se mira mirar, prueba. No le teme a la parálisis, ni a la tristeza, ni a la incertidumbre; no las evita. Este libro, aunque no lo parezca, aunque no quiera parecerlo, proviene de una serie de enfrentamientos radicales. Bueno, tampoco lo sé. Lo supongo. Imagino a la autora escribiendo de a poco, para entender lo que pensaba, o para descubrirlo.

Estos ensayos nos interpelan, a veces de forma directa, otras veces velada, como con una amabilidad tácita. Otra manera de decirlo: dan ganas de contestarle a este libro. Con monosílabos, con silencio cómplice, o con frases largas, tartamudas y agradecidas.

Ciudad de México, marzo de 2022

Nota de la autora

Estos ensayos son, como decimos en México, de chile, de dulce y de manteca. El más antiguo es "Mi madre vive aquí", que escribí en 2016 aunque luego le añadí cosas: es un texto vivo que se extiende al ritmo marcado por los objetos y anotaciones que sigo encontrando en mi biblioteca heredada. Al otro extremo temporal está "Carta de amor a las hormigas del patio de mi vecina", escrito durante los meses más duros del confinamiento pandémico de 2020. Ahí observo la maternidad desde una posición radicalmente distinta. Soy la misma pero no, porque ser madre es una transformación de la que no se vuelve nunca.

La intención de reunir aquí una serie de textos tan diversos es darle a la persona lectora un panorama más o menos completo de las obsesiones a las que mi escritura se ha entregado hasta ahora: el duelo, la vida que palpita en los libros, los engañosos mecanismos de la memoria, nuestra conversación pendiente con el resto de las especies que habitan este planeta.

En el fondo —y eso lo noto hasta hoy, viéndolos juntos— una línea tenue atraviesa este libro: el deseo de entender cómo nos transforman las cosas que desaparecen. A dónde van, qué figura toman, cómo podemos conservar lo que se nos escapa de las manos. En qué lugar vuelve a aparecer lo que perdemos.

Ciudad de México, octubre de 2021

Mi madre vive aquí

Pabellón Rosetto, larga esquina de verano,
armadura de mariposas:
Mi madre vino al cielo a visitarme.
HÉCTOR VIEL TEMPERLEY

Los objetos invaden los metros cuadrados que tengo el atrevimiento de llamar míos. No es una revelación *new age* ni una diatriba anticapitalista decir que, por momentos, siento que las cosas se adueñan de mí: el baúl amarillo de Olinalá atiborrado de fotos viejas, el tintero de vidrio, la vajilla blanca de mi abuela en sus cajas de cartón, la edición Aguilar de Cervantes empastada en piel de la que mamá me leía por las noches, el cenicero que mi abuelo —fumador como no ha existido otro— llevaba en la maleta cuando entró al hospital por última vez.

Todo marcado por la enfermedad de sus dueños anteriores, con tumores en el páncreas, los pulmones destruidos.

La foto de cuando cumplí siete años y papá nos llevó a comer al San Ángel Inn: yo con mi vestido blanco y el cabello hasta la cintura, mamá de saco con parches en los codos, mi hermano con la adolescencia entera envolviéndolo en un saquito azul marino con botones dorados. Seguramente mis padres habían bebido y entrado en esa dicha; nosotros tuvimos permiso de comer una isla flotante y correr por los jardines, hacia la fuente, a buscar a los gatos. 23 de abril de 1991. ¿Fue realmente un buen día? Lo fue en ese simulacro de papel y luz.

**

En 2007 tuvimos que desmontar una casa y la vida que la ocupaba. ¿No es extraño que las cosas sobrevivan a sus dueños? Yo no debería tener radiografías ajenas, vajillas de hogares que han desaparecido, fotos viejas que alguien recortó sin más criterio que su propio capricho. Mutilar fotos para cincelar la memoria es una tradición familiar: mamá, artesana del recuerdo, dejó cientos de fotos descabezadas.

Lo que no aparece en la fotografía también habla, grita incluso. En *Cuando las mujeres fueron pájaros*, Terry Tempest Willams cuenta que, un día de enero en el que la nieve tocaba con insistencia la ventana, su madre le dijo que le dejaría todos sus diarios bajo la única condición de que no los abriera hasta que ella hubiese muerto. Cuando el plazo se cumplió, una semana después, Terry se dirigió a los estantes a recoger su herencia. Encontró los cuadernos exactamente donde su madre dijo que estarían, pero después pasó algo que le partió la vida en dos. Abrió el primer diario y vio que estaba en blanco. El segundo: en blanco. Y así el tercero y el cuarto y el quinto: una revelación muda, un despliegue de incógnitas. El aullido de lo que elegimos no decir.

Las páginas de los diarios de Diane Dixon Tempest estaban en blanco, no vacías; su voz resuena en ese llano cristalino. Un recipiente es útil por el espacio que no ocupa, dice el Tao Te Ching.

***

Yo también heredé los diarios de mi madre, más de treinta cuadernos forrados en tela y fechados rigurosamente con letra manuscrita al inicio de cada entrada. No están en blanco pero son herméticos a su modo: su caligrafía es una lengua muerta. Al abrirlos, apenas una o dos palabras se separan de la rama del renglón como frutas maduras. El resto son garabatos, minuciosos agujeros negros. No transcurre el tiempo en esa geografía.

Más que descifrarlos, acaricio sus bordes rotos.

Recolecto los pedazos para pegarlos con resina de oro: Kintsugi.

Me reconozco en las fisuras de esa caligrafía quebrada.

¿Qué hacer con la colección de diarios que contiene la vida de tu madre muerta? Quiero contar su historia, pero sólo conozco el final. Ser el menor de los hermanos es un eterno llegar tarde: te perdiste los principios, pero mirarás todos los desenlaces desde la primera fila.

***

En 1931, Walter Benjamin escribió "Desempacando mi biblioteca", un ensayo en el que recuerda cómo adquirió sus libros más queridos. Me lo imagino sosteniendo cada uno, cuidadoso y obsesivo como seguramente era, pensando en el lugar que debía ocupar sobre la repisa. Un libro es muy poca cosa, y sin embargo durante esos segundos el mundo que contiene es singular y perfecto. *Toda pasión raya en lo caótico, pero la pasión del coleccionista raya en el caos de la memoria.*

Hay tantas maneras de ordenar una biblioteca como personas que tienen una biblioteca. Susan Sontag, por ejemplo, acomodaba sus libros cronológicamente. Pensaba que el autor se sentiría más cómodo entre sus contemporáneos y le hubiera angustiado, dijo alguna vez, ver a Pynchon junto a Platón. (Sus propios libros —los escritos por ella— los guardaba en un cuartito aparte, para no tener que verlos.) Fran Lebowitz los ordena por categoría (narrativa, cartas, ensayo, poesía, biografía, etcétera) y luego alfabéticamente al interior de cada sección. Además, tiene una repisa llena de lo que un amigo suyo cataloga como "libros locos": ésos ni se molesta en ordenarlos. En Puerto España hay una librería, cuenta Daniel Saldaña París, dividida en "libros secos" y "libros mojados con agua de lluvia". Estos últimos por supuesto cuestan menos, si bien un libro mojado se antoja más que uno seco.

En "Notas breves sobre el arte y modo de ordenar libros", Georges Perec habla de un amigo suyo que se dio a la tarea de limitar su biblioteca a cierto número de obras para resolver el problema del crecimiento descontrolado de su colección. La idea era alcanzar K=361, una cantidad de libros sensata para una biblioteca *suficiente*, obligándose a no adquirir una nueva obra X hasta haber eliminado una antigua obra Z, lo cual resulta en la ecuación $K + X > 361 > K - Z$.

Una vez resuelto el problema del espacio, Perec pasa al problema del orden. ¿Por qué no guardamos libros en el baño? ¿Qué cosas que no sean libros se encuentran en las bibliotecas? ¿Cuáles son los volúmenes más difíciles de ordenar? (A esto último responde que las revistas de las que solo tenemos un número son un desafío particular; si tenemos más de tres números la cosa se facilita.) Tras proponer una cuantiosa serie de clasificaciones posibles, ninguna de ellas definitiva, confiesa que su propia biblioteca jamás estuvo realmente clasificada. *Traslado los libros de un cuarto al otro, de un anaquel al otro, de una pila a la otra, y a veces paso tres horas buscando uno, sin encontrarlo pero con la ocasional satisfacción de descubrir otros seis o siete que resultan igualmente útiles.*

Carlos Monsiváis, por otro lado, acumuló tantos libros durante su vida que en sus últimos meses simplemente dejó de ordenarlos y los ejemplares empezaron a formar un laberinto doméstico que había que recorrer con cuidado, mirando al suelo para no tropezarse en los pasadizos que las pilas de papel formaban. Más un descanso para gatos que un inmaculado templo intelectual.

Las bibliotecas desobedecen. Como todo lo que creemos poseer, los libros son prestados y pasajeros, cosas vivas que se arrancan la correa, rezongan, mutan. ¿Las bibliotecas?

Casas de fieras en las que de poco sirve que el rey intente mantener a los animales perfectamente clasificados, pues al cabo de un tiempo vuelve a revisar las jaulas y todo se ha movido de lugar.

Quizá fue por huir de tanto caos que Montaigne prefirió mirar hacia arriba y anotar casi cincuenta de sus sentencias favoritas en las vigas de la torre de su castillo, en una habitación a la que se retiró a escribir a los 38 años.

Puede ser así y puede no ser así.
(Sexto Empírico)

No temas ni desees tu último día.
(Marcial)

Nada es cierto sino la incertidumbre, y nada hay más miserable y más orgulloso que el hombre.
(Plinio)

Goza felizmente de lo presente. El resto te es ajeno.
(Eclesiastés)

Desde la pequeña ventana podía ver sus viñedos, a su gato durmiendo a su lado, los bosques y colinas de sus dominios: no necesitaba más. Le bastaron aquellas palabras a modo de biblioteca reducida.

***

Desmontar la biblioteca de mamá fue la verdadera cremación de su cuerpo. Para encender el fuego, mis hermanos y yo compramos estampitas de colores y nos reunimos durante varias tardes a pegarlas en los lomos de los libros que cada quien quería conservar (yo marqué los míos con pequeños círculos azules: la parte más caliente de la flama). Después de repartir esos primeros volúmenes entre nosotros, invitamos a amigos a escoger alguno como recuerdo, con la condición de que por ningún motivo nos devolvieran aquello que encontraran entre sus páginas. La vida privada de cada libro debía permanecer intacta.

Fue así que agregué a mi biblioteca un centenar de libros repletos de anotaciones al margen que se han convertido en un ancla entre mudanzas. En ellos noto mis propias transformaciones, pues una biblioteca es una colección y coleccionar es estar siempre en construcción. Ordenarla es una cuestión personal, dice Alberto Manguel, porque la posesión material es a veces sinónimo de apropiación intelectual: nos identificamos a tal punto con los libros que para conocerlos por dentro basta con poner la mano sobre su portada y esperar el tiempo suficiente.

***

Hay distintas maneras de amar los libros. Algunos se acercan a ellos con amor cortés, como si cuidarlos implicara mantenerlos como nuevos, ajenos al paso del tiempo. Si acaso dejan un asterisco pequeño, siempre en lápiz, o marcan su avance con un papelito, pero nunca los marcarían con tinta ni mucho menos doblarían la esquina de la página convirtiéndola en la oreja de un perro imaginario.

Mi familia en cambio profesa por los libros un amor carnal. Subrayamos y anotamos con lo que haya a la mano, trazamos corchetes, paréntesis, flechas, signos de exclamación y garabatos, improvisamos separadores con tickets del supermercado o recibos del gas. No somos los únicos: cuenta Alfonso Reyes que Antonio Machado masticaba los libros hasta que quedaban reducidos a una mariposa de alas redondeadas. Son variaciones del amor.

***

En los años que han estado conmigo, he encontrado en los libros de mamá evidencia de varias facetas suyas como lectora. Conservo por ejemplo *Infancia en Berlín hacia 1900*, de Benjamin, que pertenece a una antigua colección de Alfaguara de pequeños libros empastados en gris y morado con letras verdes en la portada. Dice el ensayo "Juego de letras":

Jamás podremos rescatar del todo lo que olvidamos. Quizá esté bien así. El choque que produciría recuperarlo sería tan destructor que al instante deberíamos dejar de comprender nuestra nostalgia. De otra manera lo comprendemos, y tanto mejor, cuanto más profundamente yace en nosotros lo olvidado.

La imaginación enlaza unas páginas con otras: separado con una banderita, ese fragmento tiene anotadas al margen las siguientes palabras de Nietzsche: *He dado nombre a mi dolor y lo he llamado "perro"*. Puede que sea imposible conocer a fondo los mecanismos que la llevaron de un punto a otro, pero años después completé su nota con la siguiente línea de *Mi vida con la perra,* de Francisco Hernández: *Tauro. La felicidad es un saco que me queda grande.*

Dos de mis escritoras favoritas quedaron hermanadas en la página 130 de *Revelación de un mundo*. Clarice Lispector escribe: *Un nombre para lo que soy, importa muy poco. Importa lo que me gustaría ser*. Al lado, un verso de Alejandra Pizarnik responde: *Como cuando se abre una flor y revela el corazón que no tiene.*

Su copia de las *Cartas de Abelardo y Eloísa* está firmada en tinta azul en la primera página. Al pie, con letra más pequeña: *1984* (el año del divorcio). Con él, o en él, mi madre reflexionó sobre la naturaleza del amor y del matrimonio, dirigiendo mi atención a estas palabras de Abelardo:

> Eloísa me hacía ver lo peligroso que sería llevarla conmigo a París y argumentaba que el título de *amiga* sería para ella más preciado que el de esposa y más honorable para mí. Quería conservarme por el amor libremente dado, no encadenarme con los lazos del matrimonio, y decía que nuestras separaciones momentáneas harían los encuentros más dulces.

Tengo también los veintitrés tomos de sus obras completas de Freud en la edición de Amorrortu; la portada del número XXI está adornada con una estampita de terciopelo en forma de tigre que recuerdo haber pegado ahí de niña. En la página 83 de ese volumen, al lado de la frase *El programa que nos impone el principio del placer, el de ser felices, es irrealizable*, una nota en su caligrafía única: *queda la belleza*.

¿Por qué dobló la esquina de la página que contiene la entrada dedicada a Horus del *Diccionario de los símbolos* de Jean Chevalier? No escribió nada al margen, pero subrayó una oración con marcador amarillo (es decir, sin dudarlo): *Se lo ve siempre combatiendo para salvaguardar un equilibrio entre fuerzas adversas y para hacer triunfar las fuerzas de la luz*.

Hacer triunfar las fuerzas de la luz.

Más que en sus libros, fue en sus notas al margen que mi madre dejó su legado más valioso: una forma de encontrarme con ella.

***

Los actos de leer y escribir están tan íntimamente vinculados que subrayar y anotar libros funciona a veces como sustituto de la escritura misma. Fabio Morábito dedica "La vanidad de subrayar" a un amigo suyo que no publicaba porque no habría soportado ser subrayado. Temía que el criterio errado del lector —en su faceta minúscula, la marginalia es una forma de crítica literaria— dejara fuera partes de su libro que a él le parecían fundamentales. Quería escribir un libro subrayable de la primera hasta la última palabra.

***

La primera biblioteca organizada por colores que conocí fue la de Alonso, cuyo enorme librero de piso a techo cubría la pared principal del departamento de soltero eterno en el que me amaneció el remoto 2010. Me impresionaba su capacidad de memorizar los lomos de los libros para localizarlos de inmediato en las repisas: un águila ante un paisaje multicolor que cobraba inmediato sentido en su cabeza, como un rompecabezas mil veces deshecho y vuelto a armar. Guardaba revistas, películas en VHS, misteriosos engargolados, carpetas con recortes, postales, muñequitos, discos, un busto de Jesús Malverde. Nunca entendí del todo su sistema de clasificación, y cegada por el fogonazo del primer gran amor, llegué a considerar ese misterio como la prueba cumbre de su genialidad.

***

Conozco a un niño hermoso de nombre Silvestre que a sus cuatro años ya dio con el sistema de clasificación perfecto: hay "libros de día" y "libros de noche".

***

Alguna vez hubo en mi casa un libro hermano de *Infancia en Berlín hacia 1900*. Su nombre era *Dirección única* y reunía textos y aforismos, pequeños pasajes inclasificables, publicados por Benjamin en 1928. Mamá lo prestó y no volví a verlo. Sin saberlo, entregó un libro que me pertenecía.

No he querido comprar otra edición porque guardo la esperanza absurda de que un día ese libro vuelva a mis manos. ¿Cuántas personas se habrán cruzado con él? ¿Estará ahora mismo resguardado felizmente entre otros libros?

¿Junto a Benítez o junto a Bishop? ¿Se habrá extraviado en una mudanza, triturado en alguna bodega, rematado con descuento en una librería de la calle Donceles? Me gusta pensar que alguien lo leyó, lo anotó y se lo regaló a otra persona.

Mi amigo Julián Meza decía que el número ideal de comensales en una mesa, en términos de conversación, es tres: con dos el diálogo se estanca y con cuatro se bifurca. Si leer es pensar con el cerebro de otro, entonces leer libros anotados es echar a andar una conversación entre tres. Sentarse en la mesa perfecta.

***

Hasta mediados del siglo XIX era costumbre escribir en los libros antes de regalarlos. Las notas al margen de Coleridge, por ejemplo, gozaron de tal fama que sus amigos le pedían que marcara sus libros antes de leerlos. Era otro libro dentro del libro: uno más vivo y contestón. Escribe Billy Collins en "Marginalia":

Todos nos hemos apropiado del blanco perímetro
y tomado una pluma aunque sea para mostrar que no
sólo estamos acostados en el sillón pasando páginas,
sino que dejamos una idea a la orilla del camino,
plantamos un pensamiento al margen.

Hasta los monjes irlandeses en sus frías *scriptoria*
garabatearon en márgenes de los Evangelios
breves notas sobre las penas de copiar,
sobre el pájaro que cantaba cerca de la ventana,
o la luz solar que iluminaba su página,
hombres anónimos emprendiendo un viaje hacia el futuro
en una nave más duradera que ellos mismos.

Si leer es transportarse en el tiempo, las anotaciones al margen son viajes hasta un momento futuro en donde alguien recostado en otro sillón, sentado en una ventana en la que canta un pájaro distinto, transformará el monólogo en diálogo.

Leer los libros que mamá anotó es hablar con ella, y la conversación es una forma del amor. Así fue como vencimos a la muerte.

***

El último libro que leyó se llama *La escritora vive aquí* y tiene en la portada la fotografía de una casa blanca de techo triangular que yo imaginaba como un buen lugar para esconderme del horror de aquellos días. No me he atrevido a abrirlo, para entonces el veneno de la quimioterapia había transformado su caligrafía en un manojo de arañas patudas que prefiero no volver a ver. Según leo en una reseña, se trata de un viaje por las casas y los objetos de Marguerite Yourcenar, Colette, Alexandra David-Néel, Karen Blixen y Virginia Woolf. No me quito esa frase de la cabeza: *Se trata de un viaje.*

***

Escribió Antonio Porchia que lo que dicen las palabras no dura, duran las palabras. Duran las palabras: mi madre vive aquí.

Contra la fotografía

Últimamente me ha sorprendido darme cuenta
de lo mucho que amo
aquello que no se puede ver en una fotografía.

DIANE ARBUS

Fuimos al río y nos hicimos una foto
con el ojo de pez nunca la revelé
porque seguro que salimos felices
y flacos y fuertes y saludables.
Espero que algún día leas esto y te sientas culpable.

GUILLERMINA TORRESI

Como los círculos concéntricos que se forman alrededor
de una piedra arrojada al agua quieta, la fotografía rodea a
la realidad.

Se acerca, la acaricia.

No la captura.

Titubea.

***

En el primer ensayo de *Sobre la fotografía*, Susan Sontag lanza una sentencia atroz: las fotografías permiten la posesión imaginaria de un pasado irreal. Imaginaria porque cualquier posesión lo es, irreal porque la fotografía traiciona la verdad. Del universo entero, el fotógrafo elige aquello de lo que quedará registro. Su clic no detiene el tiempo, lo fabrica.

Si el mundo que aparece en las imágenes se ha esfumado, el acto común y corriente de pasar la tarde viendo fotos viejas toma una nueva dimensión. Como en una escena de película de terror, el viento arrecia para abrirle paso a los fantasmas. Ignorarlos es imposible, pues la mente humana no es capaz de separar el objeto físico —ese papel cubierto por una emulsión de bromuro de plata sensible a la luz— de lo que aparece en él. La esencia de la fotografía es precisamente la tenacidad de ese referente, por eso constituye una forma de momificación. Así lo describe el protagonista de *Ocio*, de Fabián Casas:

Mi mamá, mi papá, mi hermano y yo en Mar del Plata. Sonreíamos. Mi hermano y yo agarrados de la mano, en el jardín de infantes. Teníamos pánico. En otra, mi vieja secaba a un perro que habíamos tenido. Ella era la única que lo bañaba y después lo secaba en la terraza. La fotografía es una de las cosas más crueles que existen. Es un invento satánico.

La presencia de los muertos en fotografías es un placebo contra la ansiedad de su ausencia. Durante breves segundos, se hace presente su mejor versión. Pero hay un riesgo: a fuerza de inventarnos recuerdos, las imágenes terminan por apoderarse del momento que buscamos conservar. Una tarde de álgido conflicto doméstico se convierte en un impecable retrato familiar, todos sonrientes y mirando al frente; una borrachera atroz queda capturada en un grupo de amigos bailando en armonía; una ciudad monstruosa, vista desde arriba, es una postal de pequeñas luces que parpadean coordinadas; años de violencia palidecen ante el recuerdo impreso de una tarde feliz, helado chorreante en mano, en la banca de algún parque.

Más que sostener la memoria, las fotografías la reemplazan, dando la impresión de que algo es tan perfecto que no puede romperse. Pienso en una imagen en la que mi madre y yo estamos en la playa, de espaldas a la cámara. Tengo seis años, traigo una cola de caballo despeinada en la cabeza y llevo puesta una camiseta rosa y unos tenis blancos de plataforma. ¿Dónde termina ella, dónde empiezo yo en esa fotografía?

Pero mi madre lleva más de quince años muerta, la ropa está perdida y el huracán Kenna arrasó con buena parte de esa playa de Puerto Vallarta.

***

La fotografía reproduce al infinito aquello que ha tenido lugar una sola vez; es decir, repite artificialmente aquello que no puede repetirse. De ahí que algunas imágenes adquieran pleno valor con la desaparición irreversible del referente. Ante esta construcción de futuras ausencias, Sergio Loo llama a destruir la cámara fotográfica:

(de mis problemas con el tiempo florece un resentimiento contra la fotografía) (fui feliz) (destruí la cámara como a la amenaza de un futuro álbum fotográfico) (no más recuerdos) (decir fui feliz y sonreír como una playa recién inventada) (abolir la construcción de un nuevo pasado)

Hay algo depredador en hacer una foto. *Fotografiar personas es violarlas*, dice Sontag, *pues se las ve como jamás se ven a sí mismas, se las conoce como nunca pueden conocerse.* En palabras de Roland Barthes, la fotografía es violenta porque en ella nada puede ser rechazado ni transformado.

A pesar de nosotros, permanece.

Fotografiar es apropiarse simbólicamente de lo fotografiado. Más bien intentarlo, porque la misión nunca se logra. El sujeto observado se transforma instantáneamente en otro, y cada vez que intentamos capturar la realidad es la realidad la que nos captura.

Basta con pensar en el efecto de vernos a nosotros mismos en la foto vieja de un momento feliz: nuestra piel se ve más lozana, tenemos un brillo en la mirada, cierto candor, como si la imagen hubiera sido tomada segundos antes del desastre.

***

¿Por qué nunca nos parecemos a nosotros mismos en las fotografías?

***

Hace años, al fondo de un baúl, encontré la imagen de una mujer parada al centro de una habitación en penumbras. Era mi madre pero me tardé en reconocerla. En la foto viste distinto a como yo la recuerdo, tiene el cabello demasiado corto y sostiene el tubo plástico de una aspiradora con la mano derecha (no la vi aspirando ningún día de su vida). Frente a ella hay una estructura de ladrillos —¿una chimenea?— y de la pared cuelgan varios cuadros de diferentes tamaños, de los cuales solamente se distingue el más grande: una pintura bastante horrenda de alguna santa que parece orar con los ojos entreabiertos.

Lo interesante de la mujer —la de carne y hueso, no la santa— es su gesto de extrañeza. Me obsesiona saber qué estaba pensando en ese momento. ¿En qué año fue tomada, qué pasó aquel día en casa de mis abuelos, quién estaba del otro lado de la cámara? Sé que estoy buscando un imposible.

***

Más que certificar la experiencia, la fotografía es una manera de rechazarla: la textura de lo vivido se aplana cuando lo convertimos en imagen. Pienso por ejemplo en la célebre fotografía de Richard Drew en la que aparece el cuerpo en caída libre de un hombre que decidió saltar desde una torre que se desmoronaba. Han pasado más de veinte años, pero en la imagen siempre será once de septiembre, siempre 2001. Este instante congelado es un vuelo falso que la fotografía hace posible. En palabras de Wisława Szymborska:

La fotografía lo conservó con vida
y ahora lo mantiene
sobre la tierra, hacia la tierra.

¿Por qué lo hacemos?

El fotógrafo peruano Fernando La Rosa responde: *No sé por qué hago fotografía. ¿Para duplicar el mundo? No llegas a hacerlo. ¿Para preservar la belleza? No lo logras. No logras duplicar ni preservar.* La fotografía es una forma de alucinación.

***

En 1921, Henry Burrell tomó una fotografía que muestra a un tilacino o tigre de Tasmania con una gallina en el hocico. La imagen fue publicada en *Los animales salvajes de Australasia* y ampliamente distribuida en la época para crearle al animal una reputación de ladrón de aves de corral que incentivara su caza. Los granjeros nunca supieron que la fotografía había sido manipulada para ocultar una jaula y el tilacino, ya domesticado, estaba entrenado para posar.

Según un colega de Burrell, en realidad se trata de un fotomontaje hecho con un ejemplar disecado: un truco más del "comediante-vuelto-naturalista", como se le llamó en la *Enciclopedia Australiana* en 1958, que también manipuló cientos de fotos de ornitorrincos capturados en los ríos cerca de Carmarthen para demostrar que podían sobrevivir en cautiverio.

El último tigre de Tasmania murió el 7 de septiembre de 1936 en su jaula del zoológico de Hobart, cuando el vigilante lo dejó fuera de su refugio por error durante una noche de temperaturas glaciales. Se llamaba Benjamín y nunca probó gallina.

© Australian Museum

***

Tras pasar seis días asediándolo en los alrededores de la casa en la que se retiró, los paparazis Steve Connelly y Paul Adao abordaron a J. D. Salinger a la salida de un supermercado de West Lebanon, New Hampshire. Se estacionaron detrás de su jeep, bloqueando su posible escape y, al verlo salir del establecimiento con las manos aferradas al tubo de metal de su carrito de compra, Connelly se bajó y empezó dispararle con su cámara. Furioso, Salinger le arrojó el carrito metálico y estaba punto de pegarle un puñetazo a Adao, quien todavía se encontraba dentro del auto, cuando éste tomó la foto que sería publicada en la primera plana del *New York Post* en abril de 1988 bajo el titular "¡El guardián cazado!".

Si la fotografía es una cacería, es entonces, antes que nada, una acción; no un objeto, dice Marina Azahua en su magnífico recuento de este episodio, incluido en el libro *Retrato involuntario*. La última fotografía conocida de Salinger no se tomó: se hizo.

***

Incluso en su principio más básico —el reflejo de la imagen propia— la fotografía siempre ha estado asociada a la magia y la mitología. Los griegos, romanos y otras culturas de la antigüedad utilizaban superficies reflejantes para practicar la adivinación y hasta hoy existen poblaciones que rechazan la violencia que la cámara ejerce, por ejemplo los indígenas tzotziles y tzeltales de los Altos de Chiapas.

Para la artista Hito Steyerl, este viejo miedo a la fotografía se encuentra renovado en el entorno actual de los nativos digitales. La cámara no se lleva tu alma, pero hace algo parecido: consume tu vida. La obsesión por el registro constante de lo que ocurre a nuestro alrededor no nos da existencia, nos la quita. *Pensar que las cámaras son herramientas de representación supone en verdad un malentendido. Son, en el presente, herramientas de desaparición.*

***

El artista Jason Lazarus, profesor del Instituto de Arte de Chicago, lleva más de diez años juntando fotografías que sus dueños preferirían olvidar. El proyecto se llama *Too Hard to Keep* (Guardarlo es demasiado difícil) y los participantes pueden enviar fotos sueltas, álbumes, tarjetas de memoria, rollos sin revelar o cualquier otro objeto que contenga imágenes. Las donaciones son anónimas y Lazarus no pregunta los motivos por los que se entregan. Más que la historia, lo que importa es el gesto final de desapego que el remitente tiene al deshacerse de la imagen.

Una mujer envuelta entre las sábanas que se tapa la cara por el flash, un perro corriendo feliz por la explanada, una pareja borrosa fajando en la oscuridad, un niño soplándole a un pastel con diez velas, las manos agrietadas de un anciano envolviendo una taza de café, un ramo de flores sobre la mesa del comedor. Las cosas simples que la fotografía destruye.

***

La palabra *fotografía* viene del griego *phōs*, luz, y *graf*, escribir, rayar, dibujar. Tomar una fotografía es escribir con luz, pero la luz cambia según dónde colocamos la mirada. Dice Robin Myers sobre un hombre que venía de las montañas:

él creía que estar ahí

nos convertía a ambos en parte del paisaje

—y me tocó la cara,

donde tenía lluvia todavía, y quizá algo de luz—;

y también me parece que creía

que de algún modo éramos responsables, en el sentido,

al menos, de que siempre

lo somos de las cosas que decidimos ver.

Antes de la onda o la partícula, algunos filósofos clásicos pensaban que el ojo humano emite una luz para "sentir" aquello que mira. Otros propusieron lo inverso: que los objetos mismos proyectan un rayo luminoso que llega al ojo y los hace visibles. En un punto medio, Platón habló de un "fuego visual" que arde entre nuestros ojos y el mundo.

Los objetos nos sostienen la mirada; la fotografía, en cambio, nos elude. Para recordar de veras un momento, mejor no sacar la cámara.

***

La fotografía es una trampa porque nos regala un imposible: la ilusión de que uno puede apropiarse de lo observado al mirarlo. Pero retratar algo por miedo a perderlo equivale a intentar detener el paso del tiempo. No podemos bañarnos dos veces en el mismo río: el río no es el mismo y la persona no es la misma y el mundo no es el mismo.

***

Hace tiempo miré a través de la pantalla del celular a un hombre que, dándome la espalda, abrazaba a un perro color marrón. La sospecha de que aquella era una de las últimas veces que los vería tan de cerca me llevó a sacar el celular, desbloquear la pantalla con mi huella digital y capturarlos cn una fotografía: un amuleto contra el cambio. Pero ese clic fue, para todo efecto práctico, un acto fallido. Un simulacro de felicidad, un rechazo de la realidad, una apropiación de lo ajeno.

Poco después de eso los perdí o ellos me perdieron. Preferí la imagen inventada al caos de su recuerdo vivo. Me declaro culpable de ese absurdo.

Breve historia
de las virtudes perrunas

Digamos que la historia de las virtudes perrunas comienza en Grecia, cuando Ulises volvió a casa disfrazado de anciano harapiento. Al verlo acercarse al palacio de Ítaca, Argos —convertido por los años de abandono en un perro ya viejísimo, casi ciego, tirado entre la mierda de las vacas y las mulas— levantó las orejas y meneó la cola en un gesto de reconocimiento. Entonces *lo arrebató la negra muerte al ver a Ulises después de veinte años*. Apenas tuvo tiempo el rey de despedirse de su amigo antes de comenzar su venganza contra los pretendientes que llevaban décadas asediando a Penélope.

Hachikō es un representante más moderno de esta clase de perro. Entre 1925 y 1935, el akita de oreja gacha acudió todos los días a la misma hora a la estación de tren de Shibuya, al oeste de Tokio, para esperar a que su amo volviera de trabajar. Esperó en vano más de tres mil días, sin sospechar que Hidesaburō Ueno había muerto de un paro cardiaco a kilómetros de distancia. A la entrada de la estación, rodeado de turistas, puede verse todavía un monumento de bronce que levanta la lealtad perruna varios metros por encima de la humana.

Pero la fidelidad no es la única virtud cánida que merece ser mencionada. Cipión y Berganza, de *El coloquio de los perros*, son dos perros callejeros que charlan elocuentemente en las calles que rodean el Hospital de la Resurrección en la Valladolid del siglo xvi. A lo largo del diálogo, Cipión da lecciones sobre cuáles son los acontecimientos que deben narrarse y la manera adecuada de hacerlo. *Será mejor gastar el tiempo en contar las propias que en procurar saber las ajenas vidas*, dice, y aconseja evitar los chismes y murmuraciones.

Prudente y discreto, Cipión es un oyente erudito que cita con fluidez a los filósofos del mundo clásico. En su papel de guardián ético del relato de la vida de Berganza, recomienda no divagar (le pide tener cuidado de que su narración no parezca pulpo), contar solamente sucesos dignos de deleite y hablar con propiedad, pero sin temerle a las palabras.

Tres siglos después de Cervantes, cuando América enloqueció con la fiebre del oro del Yukón, Jack London eligió los hielos de Alaska para contar la vida de Buck, mitad san bernardo y mitad pastor escocés. Tras cuatro años de vivir acariciado por el sol del Valle de Santa Clara, en casa del juez Miller, Buck fue secuestrado por un jardinero que lo vendió como perro de trineo para pagar sus deudas. Al principio el animal aceptó a sus captores con serena dignidad, pues aún confiaba —¿por qué no hacerlo?— en los seres humanos. Pero al tensarse la soga en su cuello al punto de cortarle la respiración, Buck comenzó a comprender la ley primitiva. El norte lo transformó y desarrolló en él una serie de notables atributos. Se volvió reflexivo, audaz, sensato, capaz de pensar estratégicamente y adaptarse a las circunstancias cambiantes de su propia vida.

Al describirlo como un ser con imaginación, London coloca a Buck por encima de los protagonistas humanos de

El llamado de la selva. Imagina, por ejemplo, la venganza: cuando un grupo de indios americanos ataca bestialmente el campamento de John Thornton, su último y generoso amo, Buck asesina a dos de los agresores. Lo que sigue es la leyenda del perro convertido en lobo gris que recorre hasta hoy las montañas blancas de Alaska.

El perro es un impreciso dios de los hombres, escribe Carlos Droguett en su novela *Patas de perro*, cuyo protagonista es un muchacho que ha nacido con unas robustas y orgullosas patas caninas. *Es el animal más humano que existe y el más idealista y el que más ansía la libertad.*

Los animales son nuestro espejo: comemos como cerdos, hacemos el oso, cogemos como conejos, nos quedamos como el perro de las dos tortas, dormimos como lirones, se nos hace el corazón de pollo, hablamos como pericos, cacareamos el huevo, nos hacemos patos, andamos como león enjaulado, viboreamos al prójimo, estamos más locos que una cabra, nos ponemos truchas, somos pobres como ratón de iglesia, nos sentimos como pez en el agua, andamos a caballo entre una cosa y otra.

Existen seres definitivamente salvajes, dice Mary Oliver, y hay otros que están sólidamente domesticados. El tigre es salvaje, el coyote, el búho. Yo estoy domesticada, tú estás domesticado. Pero el perro vive en ambos mundos.

Tal vez esa doble vida es lo que les permite ser medida de la nuestra. Como Elizabeth von Arnim, que en *Todos los perros de mi vida* presenta su autobiografía dividida en catorce partes, una por cada perro que tuvo. Más allá de las presencias humanas, es el ir y venir de sus cuadrúpedos compañeros lo que marca la respiración del mundo. *Para empezar me gustaría decir que aunque los padres, maridos, niños, amantes y amigos que he tenido en mi vida están muy bien, no son perros.*

Para historias de amor, la de J. R. Ackerley y Queenie. El editor británico más destacado de su tiempo se hizo en plena madurez de una joven pastor alemán que se convirtió en el amor de su vida, sin hipérboles. En *Mi perra Tulip*, donde Queenie adopta un nombre distinto pero mantiene el resto de sus características intactas, Ackerley es un personaje secundario, venturoso testigo de la fisiología y las manías de su compañera (basta ver el minucioso detalle con el que describe para qué sirven las glándulas de su ano, su torpe cortejo sexual y la manera en que se cuida, al defecar, de no ensuciar sus patas traseras).

Tulip es el tipo de perra problema que aparecería hoy en un programa de César Millán: ladra como loca, muerde a quien le parezca sospechoso (todos) y se hace caca en las alfombras de sus anfitriones. Tan mal portada es ella y tanto se empeña él en llevarla consigo a donde vaya, que las invitaciones a eventos sociales empiezan a escasear y también deja de haber gente en casa. Es que a Tulip no le gustan las visitas.

Ackerley defiende la conducta de su amiga en parte por puro amor y en parte porque, de cierto modo, la comprende: antropomorfismo a la inversa. Cuando una mañana Tulip se interesa en un cadáver abotagado que acaban de sacar del río, la gente protesta y mira críticamente a su amo. Pero Ackerley no ve nada malo en que la perra se acerque a olfatear al ahogado. Los seres humanos son tan arrogantes, piensa, que poco les importa cortarle la cabeza a cualquier animal y torcer su rostro en un gesto sonriente para exhibirlo en la carnicería como un anuncio cómico de su propia carne. Pero cualquier supuesta indignidad cometida contra sus muertos es asunto grave.

¿Fue la relación con Tulip un sustituto para el afecto humano del que Ackerley parecía incapaz? No tengo idea. Pero hubo entre ellos un amor sin fisuras, y los quince años que pasaron juntos fueron, en palabras del escritor, los más felices de su vida. *Tulip era incorruptible. Era constante. Su lealtad nunca flaqueó; ella me había entregado su corazón desde el principio, y seguiría siendo mío, solamente mío, para siempre.* No seré yo quien intente destruir eso.

Otra amistad memorable entre escritora y perro ocurre en *El amigo*, en donde Sigrid Nunez cuenta la historia de una mujer que adopta a un gran danés arlequín cuyo dueño —el mentor de ella— muere súbitamente. Como Tulip (o Cipión o Flush o Buck), Apolo está al centro de la trama del libro, y a Nunez no le toma demasiadas páginas dejar claro que su presencia es mucho más poderosa que la de cualquier ser humano.

El perro resulta esencial en un proceso de duelo que lleva a la protagonista a plantearse importantes preguntas no sólo sobre los mecanismos del cuidado, sino sobre su oficio de escritora. ¿Es el dolor lo mismo que el sufrimiento? ¿A qué se refería Simone Weil cuando dijo que, al momento de decidir entre dos caminos, conviene elegir el más difícil? ¿Para qué escribir una novela en medio de tantas otras (algo que, de no hacerse, nadie extrañaría)?

A partir de esta especie de conversación (que una de las partes no use palabras no significa que no se comunique), el libro se vuelve una diatriba contra la escritura y un poco también contra los escritores, que la autora pinta como seres egocéntricos y notablemente crueles comparados con la dulzura y sabiduría de su amigo de cuatro patas. Con sus noventa kilos, Apolo es una especie de maestro zen que imparte sus lecciones desde el sillón, un gigante mudo que invita a su nueva dueña a olvidar las exigencias de su ego para centrarse en el día a día.

Cuando Nunez ganó el National Book Award con *El amigo*, mucha gente dijo que el mérito era del perro. Ni me sorprende ni me parece criticable: la amistad entre perros y escritores es legendaria y sucede, por supuesto, también fuera del papel. Escribe Fabián Casas: *Me es difícil describir a Rita. Podría conformarme con decir que es mayormente de color negro y que tiene un collar blanco en el cuello. Pero describir a Rita me parece improductivo. Rita no está en el lenguaje, toda descripción suya fracasa si no la vemos en vivo.*

Acaso he pecado de confundir realidad y ficción. Habrá quienes digan que Hachikō no permaneció en la estación de tren por lealtad sino porque un hombre lo alimentaba con *yakitori* o que, haciendo cuentas, es imposible que Argos viviera todavía al regreso de Ulises. Pero da lo mismo. Más allá de cualquier duda, la felicidad canina es contagiosa. Lo sabe cualquiera que haya visto a un perro atravesando un prado sin correa, devorando un pedazo de salchicha o tomando el sol echado bocarriba.

Yo, por ejemplo, tuve una perra que amaba los cacahuates. Los pelaba con los dientes y dejaba las cáscaras a un lado. Después de un rato se detenía y volteaba a verme, complacida, en un gesto que no he vuelto a encontrar en ningún ser salvaje ni domesticado. Su mirada no fue un regalo pequeño.

Esto no es una metáfora

La poeta Cécile Sauvage escribió lo siguiente mientras estaba embarazada: *He aquí que llega Orión cantando en mi ser —son sus pájaros azules y sus mariposas doradas—, sufro de una distante música desconocida.* Y qué manera de anticipar el destino: su hijo Olivier Messiaen nació escuchando en colores. Esto no es una metáfora, el compositor francés experimentaba una forma particular de sinestesia, una condición neurológica en la que cierta percepción sensorial viene acompañada de otra, una especie de unión o trasposición de sensaciones que en principio no están asociadas.

Veo colores cuando escucho sonidos, le explicó Messiaen al crítico Claude Samuel en una conversación que tuvo lugar en 1988. No es que los viera con sus ojos, sino intelectualmente, en su cabeza. Si un sonido en particular se transportaba una octava más aguda, el color se hacía más claro; una octava más grave y esos mismos colores se recubrían de negro. Si el mismo conjunto de sonidos se transportaba medio tono, un tono, una tercera, una cuarta, etcétera, los colores correspondientes cambiaban radicalmente.

Para él, la música de Debussy era un enorme vitral medieval en constante transfiguración. Al escucharlo veía un patrón de diamantes, círculos, tréboles y pequeñas cruces rojas combinadas sobre un fondo azul que a la distancia se convertía en un violeta inmenso, transparente. Naturalmente entusiasmado por el nivel de detalle de sus descripciones, Samuel le señaló que sus observaciones parecían más científicas que subjetivas. *Me limito a decir lo que siento*, respondió.

Messiaen consideraba este asunto del sonido-color una de las grandes dificultades que tenía que afrontar como músico, porque no tenía alumnos que lo compartieran. Pero conservaba la esperanza de poder expresar al público su sinestesia, y quería incluso explicárselo a los músicos, que tanta importancia le atribuyen al fenómeno sonoro.

La música, decía, no se compone exclusivamente de sonidos.

¿Cómo es una música sin sonido? Pensarlo cuesta trabajo: el cerebro se dobla como un nudo sobre sí mismo. Pero yo le creo, porque a veces me pongo los lentes para escuchar mejor.

Elogio de Nosferatu

A veces me pongo a pensar en cómo vamos a explicarles a los alienígenas lo extrañas que son algunas de las criaturas de nuestro planeta cuando finalmente decidan contactarnos. Por ejemplo el pulpo, que a plena vista cambia de forma y se nos esconde. Es alga, es arena, es roca, es nada. Excepto por una pequeña protuberancia rígida de quitina en la boca, parecida al pico de un loro, es un cuerpo de pura posibilidad, sin distancias definidas ni ángulos ni asperezas ni empalmes ni articulaciones. El mismo pulpo que durante un enfrentamiento se pinta de negro y alza el cuerpo entero por detrás de la cabeza como Nosferatu, se escabulle luego por un agujero del tamaño de su propio ojo.

Sabemos que nuestro ancestro común con los pulpos fue un gusanito aplanado o tal vez un animal con una concha parecida al sombrero de una bruja que nadaba o se arrastraba en el fondo del mar. Sabemos también que tenía una maraña de nervios esparcida por el cuerpo y que vivió hace 600 millones de años. Pero no sabemos más, y es precisamente nuestra ignorancia lo primero que hay que tener en mente al pensar en ellos. Si queremos entender cómo funcionan otras mentes, dice el filósofo Peter Godfrey-Smith, las de los pulpos son un buen lugar para empezar: son lo más *otro* que hay.

Mientras que nuestro cerebro es una cosa contenida en una larga cuerda rematada en un nudo, los pulpos lo llevan desperdigado en el cuerpo. El esófago atraviesa su parte central en un acomodo extrañísimo que no se parece al de ningún otro ser vivo. Tienen tres corazones en la cabeza y las neuronas repartidas en los tentáculos: sienten con el cerebro y piensan con los pies.

Algunos pulpos en cautiverio pasan horas aventando botellas de plástico de un lado a otro de su tanque. Otros aprenden a invadir peceras vecinas para robar comida o le escupen agua a los focos hasta causar cortocircuitos. A veces se lo toman personal: en un laboratorio de la Universidad de Otago, Nueva Zelanda, había un pulpo capaz de reconocer a un científico en particular y bañarlo con medio galón de agua cada vez que pasaba junto a su tanque.

A fin de cuentas, es personal. Al igual que muchos otros animales a los que hemos encerrado en zoológicos y laboratorios, los pulpos tienen "conciencia de cautiverio", pero como seres invertebrados, su caso quedaba al margen de las normas regulatorias contra la crueldad animal. Hasta 1993, estaba permitido operarlos sin anestesia, aplicarles shocks eléctricos, mutilar partes de su cerebro y someterlos a otros crueles procedimientos en nombre de la ciencia. No es raro que estén en constante estado de rebelión.

Uno de los argumentos a los que se ha recurrido durante años para derribar las teorías de la inteligencia de los pulpos es que el grado de desarrollo de una mente animal depende de la complejidad de su vida social. Para desafiar esta idea, Godfrey-Smith dedica una gran parte de su libro *Otras mentes. El pulpo, el mar y los orígenes profundos de la consciencia* a hablar de Octópolis, un sitio en la bahía de Jervis, al sureste de Australia, que el buzo Matthew Lawrence conoció en 2009 cuando un octópodo lo tomó del dedo para conducirlo hasta una planicie marina cubierta por una capa de conchas de mar.

Al contrario de la extendida creencia de que los pulpos se resisten a relacionarse socialmente, en aquel lugar muchos de ellos convivían en una especie de comunidad construida alrededor de un objeto no identificado de unos treinta centímetros de longitud. En términos de evolución, los resultados de este descubrimiento tardarán siglos en revelarse.

Hay otro filósofo que ha pasado a la historia de la neurociencia por sus hallazgos (o mejor dicho por sus cuestionamientos) sobre la mente animal. Su nombre es Thomas Nagel y en 1974 se hizo una pregunta aparentemente simple: ¿qué se siente ser un murciélago?

¿Quién no ha tenido dudas así? ¿Qué se siente ser del sexo opuesto, ser un bebé, estar enamorado, envejecer, perder la vista, que te corten una pierna, ser autista? ¿Tener la vista de un águila, el olfato de un perro, correr como chita, cambiar de piel?

Nagel argumenta que no es posible tener un conocimiento confiable sobre la naturaleza de las experiencias mentales ajenas, pues carecemos de una fenomenología objetiva que no dependa de la empatía o la imaginación. Es decir: no sólo nunca podremos acceder a la experiencia subjetiva de un murciélago, sino que tampoco podremos experimentar nada que no sea en primera persona.

¿Cómo pensar entonces en los animales, desde dónde?

En el elogio a los animales que hace en su "Apología de Raimundo Sabunde", Montaigne responde a esta pregunta con un escepticismo total hacia la superioridad del ser humano. Tras observar nuestras imperfecciones, que son infinitas, el bordelés se pregunta: ¿Se puede concebir algo más ridículo que esta criatura fracasada y miserable, que ni siquiera puede mandar sobre sí misma, se diga dueña y señora del universo? Observar un momento a los pulpos nos enfrenta a lo poco que aún comprendemos de los fenómenos mentales conscientes, lo cual equivale a decir que no sabemos qué nos hace humanos. Mientras lo averiguamos, ellos seguirán construyendo ciudades, resolviendo rompecabezas y aprendiendo a abrir, desde adentro, los tanques que los confinan.

Notas para una versión
de segunda mano

El concepto de texto definitivo no corresponde
sino a la religión o al cansancio.

JORGE LUIS BORGES

Se dicen muchas cosas de la traducción de *Las mil y una noches* que Rafael Cansinos Assens hizo en 1954: que es de una cursilería atroz, que parece un refrito, en español pomposo y estrafalario, de la versión francesa de J. C. Mardrus, que el señor no era lo suficientemente académico ni contaba con los conocimientos de árabe necesarios para traducir textos literarios. Tal vez Gerardo Deniz tenía razón y el problema es que Cansinos Assens se creía poeta.

El gran escritor y erudito sevillano, como la historia lo recuerda, tradujo varias obras fundamentales de la literatura universal directamente de su idioma original para don Manuel Aguilar a mediados del siglo xx. Fuera de saber que Borges le tenía gran admiración (el único "hombre de genio" que conoció, según decía, junto con el pintor y místico argentino Alejandro Xul Solar), no estoy realmente familiarizada con su trabajo y desconozco hasta dónde llegaban sus conocimientos lingüísticos. Sin embargo, estoy segura de que no hay forma humana de dominar a la perfección los diecisiete idiomas clásicos y modernos que tradujo al castellano.

No conocer a fondo la lengua de una obra literaria no ha sido impedimento para que los escritores la traduzcan a partir de versiones, por así decirlo, intermedias. Alfonso Reyes, por ejemplo, descifraba apenas la lengua de Homero cuando trabajó con la *Ilíada*. Pero sus primeros nueve cantos, traducidos en alejandrinos y publicados en 1951, constituyen una versión fiel del texto y, a pesar de haber quedado trunca, su traducción es una de las más célebres en español.

No creí necesario traducir palabra por palabra, dice Reyes en el prólogo a la edición del Fondo de Cultura, *pero conservé el valor y la fuerza de todas ellas: no las conté, las pesé.*

T. S. Eliot consideraba a Ezra Pound el mayor inventor de la poesía china de nuestro siglo. Su trabajo era, más que de traslado, de interpretación: hasta los expertos en sinología que han criticado a Pound por la falta de exactitud de sus traducciones han tenido que aceptar que son, en cierto sentido, extraordinarias. Wai-lim Yip, por ejemplo, tras decir que habría que expulsarlo de la Ciudad Prohibida de los estudios chinos, admitió que ninguna otra versión ha asumido una posición tan única e interesante como la de *Cathay* en la historia de las traducciones al inglés de la poesía china.

No hay contradicción, pues su trabajo no busca colocar la información de una lengua de origen en una lengua de llegada, sino derramar un mundo en otro. Así fue como el poeta tradujo al inglés más de trece lenguas que seguramente no dominaba. Lo dijo Eliot Weinberger en *Diecinueve maneras de ver a Wang Wei*: las traducciones tienen con su original una relación filial. Algunas versiones obedecen y otras protestan y se rebelan, como los hijos con sus padres.

Al traducir, Pound no transforma. Crea.

Sin conocer la lengua inglesa a profundidad, Charles Baudelaire se entregó en cuerpo y alma a traducir los relatos de Edgar Allan Poe. Tal fue su obsesión que se convirtieron en un mismo escritor desdoblado en dos personas. Según Julio Cortázar, que tomó mucho de la versión francesa para su propia traducción de Poe, Baudelaire jamás falla. Incluso cuando se equivoca en el sentido literal, acierta en el sentido intuitivo.

Y la identificación va todavía más allá: basta comparar las fotos más conocidas de Poe y de Baudelaire para notar el increíble parecido físico. *Si elimina el bigote de Poe*, afirmaba Cortázar, *los dos tenían los ojos asimétricos, uno más alto que otro.*

En "Perder el Nobel", el ensayo en el que Laura Esther Wolfson relata cómo una enfermedad crónica le arrebató la oportunidad de convertirse en la traductora al inglés de Svetlana Alexiévich, la escritora habla brevemente de la pareja en cuyas manos terminó el empleo de sus sueños. Se trata de un matrimonio —él estadounidense, ella rusa— que trabaja en equipo: él toma las interpretaciones literales que su esposa hace del ruso al inglés y, sin comprender cabalmente el origen, las reelabora literariamente, apoyándose además en traducciones anteriores de la obra (en caso de haberlas). El texto final resulta entonces de una serie de aproximaciones tentativas.

Así lo hizo también Nicanor Parra, quien entre 1963 y 1964 pasó al menos seis meses en la Unión Soviética dedicado a dos proyectos: escribir la serie de poemas líricos reunidos en el volumen *Canciones rusas* y traducir, desde una lengua que no conocía, la obra de treinta poetas de aquel país. Con la ayuda de algunos amigos que funcionaron como puente lingüístico, inventó en español a Anna Ajmátova, a Marina Tsvietáieva, a Vladímir Maiakovski.

La primera vez que leí en inglés a Wisława Szymborska me entraron unas ganas bárbaras de aprender polaco. Quería dejar todo y tomar un avión a Cracovia para averiguar qué campanas le sonaban por dentro a esas palabras atravesadas de acentos por todos lados. El viaje sigue pendiente, pero lo que sí hice fue una búsqueda exhaustiva de las distintas versiones de sus poemas en inglés: al menos por acumulación podría acercarme al original. La tentación de traducirla al español a partir de esa lengua intermedia fue irresistible. Al toparme con palabras hechizas —*oniony, onionhood, onionesque*—, hice lo propio y les inventé equivalentes en español —cebolludo, cebollista, cebollismo.

Me sentí cerca de Cansinos Assens, de Pound, de Nicanor.

Al final de ese cebolludo poema, Szymborska le llama a la cebolla "redonda panza del mundo", y dice que a los seres humanos nos ha sido negada "la idiotez de lo perfecto" que hay en sus círculos de gloria. Eso me consuela, porque estoy segura de que todas mis traducciones fueron bastante infieles al original. No me arrepiento. Me gusta pensarlas no como clones del poema del que provienen, sino como parientes con los que guardan, como esos primos lejanos que sólo se ven una vez al año, un aire de familia.

y nadie tiene que preocuparse por lo que pasará con estos objetos cuando falten sus dueños ni pensar a dónde irán a parar cuando llegue la hora de hacer el inventario.

Cuaderno de aves

Dicen que Hokusai compraba pájaros para liberarlos.

JOSÉ WATANABE

1.

Es una falsedad muy extendida que los animales carezcan de sentido estético. No somos los únicos que volvemos de viaje con objetos que sostienen un recuerdo incapaz de sujetarse por sí mismo. Los pergoleros que viven al norte de Australia y en Nueva Guinea, por ejemplo, construyen círculos de tierra y chozas pequeñas en las que acumulan objetos para atraer a la hembra: corcholatas, piedras, monedas, pedazos de vidrio o de hueso. Hacen túneles, extienden muros de ramas, juntan todo por colores y pintan las ramitas con bayas y carbón húmedo. Prefieren lo que brilla.

A veces el ritual de apareamiento falla y la casa se derrumba, pero no importa: siempre puede reconstruirse

2.

Con la intención de materializar la idea cartesiana de que los animales son autómatas con funciones corporales puramente mecánicas, Jacques de Vaucanson construyó un pato de cobre con cuatrocientas piezas móviles que era capaz de comer, beber, nadar, estirar el cuello y hasta digerir y cagar granos a través de un sistema de tubos de caucho. El animal fue presentado con gran éxito en la muestra de París de 1757 y se mantuvo en exhibición alrededor de Europa durante más de cuarenta años.

El pato de Vaucanson aleteaba de manera tan realista que pequeños patos de verdad lo perseguían en fila, cosa que los entusiastas de la mecánica interpretaron como un primer paso hacia la transformación de la materia en tejidos vivos y la eventual replicación artificial de procesos fisiológicos. Ahora sabemos que los patos fijan su atención en la primera entidad que encuentran al salir del cascarón (sea o no de la misma especie), la reconocen como su madre y la siguen a donde vaya.

Tuvieron que pasar casi doscientos años para que el zoólogo austriaco Konrad Lorenz descubriera este fenómeno y le pusiera nombre: *impronta*. Los patos son ingenuos, pero nosotros más.

3.

Me gusta más la palabra *ave* que la palaba *pájaro*. Digo *ave* y me imagino al animal en el aire, en cambio con *pájaro* lo pienso quieto en la rama de un árbol o recogiendo con el pico las migajas del pavimento.

Ave es palabra de aire, *pájaro* es palabra de tierra.

Pájaro, del latín *passar*, significa gorrión: la familia de los *paseriformes*, el orden de aves que abarca a más de la mitad de sus especies, son los que tienen forma de gorrión. Entonces todos los pájaros son aves, pero no todas las aves son pájaros. Las gallinas, por ejemplo: sólo aves. Yo habría pensado lo contrario: una gallina es más un pájaro que un ave, porque pasa casi todo el tiempo al ras del piso. Pero es verdad que sería raro llamar pájaro a un avestruz, a un pingüino o a un cóndor.

Tengo un amigo que le tiene miedo a las aves. Más bien terror: ornitofobia. Le huye a las palomas en las plazas públicas, evita el pasillo de los pollos en los mercados y sueña con frecuencia que una parvada se estampa contra la ventana de su cuarto y todas las aves terminan muertas en el alféizar, el vidrio tapizado de sangre y plumas. Escuchar la palabra *rabadilla* le provoca náuseas, por supuesto.

Una vez en el rancho de una tía, cuando él tenía dos o tres años, un guajolote confundió sus ojos con granos de maíz y lo persiguió durante horas. De adolescente, casi se desmaya cuando un buitre abrió sus alas gigantescas frente a él en un aviario. O quizá es simplemente que era demasiado pequeño cuando vio la película de Hitchcock. No sabe a ciencia cierta de dónde viene su fobia y tampoco le interesa demasiado averiguarlo.

Nunca se lo he preguntado, pero casi podría asegurar que él prefiere la palabra *pájaro*.

4.

En *El loro de Flaubert*, Julian Barnes narra los cuatro en-
cuentros cercanos que el novelista francés tuvo con loros:
el primero, cuando era niño y conoció al perico de Pierre
Barbey, un capitán de barco retirado que solía visitar a sus
padres; el segundo, en un viaje a Italia en el que se topó con
un hombre cuyo pájaro enfermo lo acompañaba a cenar
cada noche en un hostal; luego, en 1851, cuando de regreso
de Venecia escuchó a uno que imitaba maravillosamente a
los gondoleros, y un par de años más tarde, en Trouville,
cuando un loro que gritaba "As-tu déjeuné, Jako?" lo deses-
peró con sus silbidos irritantes.

Barnes cuenta también que, durante las tres semanas que
le tomó escribir "Un corazón sencillo", Flaubert tuvo un
loro disecado sobre su mesa, un fantasma emplumado
que le sirvió de inspiración para escribir la historia de
Félicité y su entrañable Loulou. Si Félicité representa el
carácter de Flaubert, dice Barnes, es el loro el que habla con
la voz del escritor.

¿Félicité + Loulou = Flaubert? Es posible. Pero me gusta más pensar que el pájaro tiene su personalidad propia,

y una tan grandiosa que lo hizo meritorio de ser disecado por su amiga al morir y a ésta preguntarse, frente a su pequeño altar, si el Espíritu Santo no estaría mejor representado por un perico que por una paloma.

5.

Tal vez el mundo entero pueda conocerse por sus pájaros. Habría que alzar la vista y mantenerla en constante movimiento para aprender a mirar los vuelos.

6.

Los delfines suelen hacer una trinchera alrededor de sus muertos para evitar que alguien se les acerque. Cuando muere un chimpancé pequeño, la madre carga consigo el cadáver hasta que el proceso de descomposición lo vuelve irreconocible. En los días que siguieron a la muerte de la elefanta Eleanor, en la Reserva Nacional de Samburu, elefantes de cinco manadas distintas se aproximaron al cuerpo: lo olían y lo tocaban con las patas, se inclinaban frente a él enrollando la cola y moviéndole el cráneo con los colmillos.

También los pájaros sufren por sus muertos. El lunes 25 de septiembre de 2000, Mario Levrero anotó en su diario el hallazgo de una paloma muerta en la azotea vecina. Junto a ella había una paloma viva a la cual identificó como su viuda. *En cierto momento me dio la impresión de que la viuda no estaba exactamente en actitud de duelo, sino de espera; como si pensara que el estado del cadáver fuera reversible.* Sus sospechas se confirmaron cuando, con el soplar del viento, las alas de la muerta empezaron a agitarse en un falso intento de vuelo y entonces la viuda se puso a caminar nerviosa de un lado a otro, como si su compañera estuviera a punto de resucitar.

7.

Se puede migrar en espacios pequeños. Al interior de una casa, por ejemplo. Dice Natalia Ginzburg:

> Hay algo de lo que no nos curamos, y pasarán los años y no nos curaremos nunca. Quizá tengamos una lámpara sobre la mesa y un jarrón con flores y los retratos de nuestros seres queridos, pero ya no creemos en ninguna de esas cosas, porque una vez tuvimos que abandonarlas de repente o las buscamos inútilmente entre los escombros.

Todos hemos buscado la casa inútilmente entre los escombros. Los días previos a su muerte, mi padre soñaba que había alacranes en su cuarto. Pasó así su penúltima noche en vela, despertando a mi hermana a cada rato para decirle que caían alacranes del techo, que subían por las patas de su cama, que por favor se levantara a ayudarle a matar alacranes.

Hablaba haciendo señas con las manos, descolocado, como traduciéndose de un idioma que venía de lejos.

La casa se rompe, se construye y se vuelve a romper. Pero algo se conserva siempre, espacios que rebasan su territorio, posesiones que no es necesario meter en cajas ni rescatar del derrumbe porque son imposibles de perder. Paredes que no se desbaratan porque su estabilidad es de otra índole.

Nueva definición de hogar: algo que se (re)construye todos los días. ¿Otra manera de migrar?

8.

Yo tenía siete años el día que llegamos a casa y encontramos un halcón lastimado en el lavabo del baño. Se veía ridículo junto a las cajitas de cotonetes. Como no podía volar, lo metimos en una jaula y de inmediato enterró la cabeza en su propio cuerpo, como envolviéndose en una túnica de sí mismo. No supimos si el pájaro nos tuvo miedo.

Le pusimos Horus. Con los días, desenterró la cabeza y empezó a palpitar sin moverse. Vimos cómo les sacaba el corazón a los pollos crudos y las semillas a las frutas sangrientas: en su pico se confundían ciruelas, vísceras, granadas, tendones, fresas. Luego lo soltamos en la montaña y lo miramos mientras nos duró la vista. Adentro de la jaula estábamos nosotros.

9.

El loro disecado de Flaubert sobrevive por duplicado: un ejemplar está en el Museo de Historia de la Medicina de Ruan, en el antiguo hospital donde alguna vez ejerció el padre de Flaubert, y el otro en su casa familiar en Croisset. Ambos sitios afirman tener pruebas escritas de ser poseedores del verdadero animal. Comparten la idea del loro y está bien: a fin de cuentas, todo es copia de otra cosa.

10.

El padre de Julius Neubronner, boticario, usaba palomas para enviar medicamentos urgentes. Un día, una de ellas desapareció durante cuatro semanas y volvió sana, como si nada hubiera pasado. Para averiguar dónde había estado, el joven diseñó un arnés de aluminio y le colgó una cámara que se disparaba automáticamente. Era 1907.

Si bien en un principio las motivaciones de este peculiar método fotográfico eran levemente suspicaces (Neubronner quería averiguar quién y por qué estaba alimentando a su paloma favorita), en el proceso se reveló algo que entonces era extraordinario, aunque ya haya dejado de serlo: las fotografías tomadas desde el cielo. Las palomas mostraron edificios acomodados como cubos para niños, personas tamaño insecto, los trazos metálicos de las vías de tren sobre el pavimento de Fráncfort.

En una de las fotografías aparece el Schlosshotel Kronberg, un palacio construido por la princesa Victoria del Reino Unido en homenaje a su difunto marido, Federico III de Alemania. La línea del horizonte está inclinada, como un barco que se hunde, y en una esquina se levanta la fachada del castillo entre los árboles. Las puntas de las alas de la paloma aparecen en primer plano. En contraste con la amplitud del paisaje, sus plumas colocan al espectador en el punto exacto donde la fotografía fue tomada.

¿Quién está detrás de ese lente? ¿Neubronner, que programó el disparador automático? ¿La paloma, que carga en su cuerpo el peso de la cámara? ¿Nosotros, que miramos la imagen alada más de cien años después?

Sospecho que Neubronner no se detuvo en ninguna de esas preguntas, pero respondió una que le importaba más:

en las cuatro semanas de ausencia, su paloma estuvo bajo la custodia de un chef en Wiesbaden, a orillas del Rin. No se conservan fotografías del río.

11.

Jimmie Durham se sorprendió al ver cuervos blancos cuando visitó Roma por primera vez. En su mundo, todos los cuervos eran negros. Cuando un ornitólogo le explicó que los cuervos del oeste son negros y los del este pueden ser blancos o grises, el artista, que había estado pensando en la división entre Asia y Europa, encontró en aquella clasificación la respuesta a sus cavilaciones. A los continentes no los determinaban sus estructuras sociales ni su producción cultural, la división no estaba marcada por montañas, ríos, fallas geológicas. La frontera eran los cuervos.

12.

Sentada en un pequeño pupitre de madera, la mujer búho inventa plumas con las manos. Por una ventana lateral entra un rayo de luz que, pasado por un prisma, proyecta la figura de un pájaro de alas extendidas que la diosa de esa habitación dota de color y devuelve transformada a su lugar de inicio.

¿Qué juego se juega en el piso ajedrezado que imaginó Remedios Varo? ¿Quién gana y quién pierde la partida en esa multiplicación de los vuelos? Todo está estático en ese paisaje en movimiento. Hasta que se mueva el prisma, se mezclen los colores o un ventarrón quiebre el tubo de cristal y la sangre del mundo se derrame.

13.

El pinzón rojo es una fresa voladora salpicada de pequeñas manchas blancas. El picozapato tiene una bota atravesada en el cuerpo. El pájaro secretario recorre a grandes zancadas la sabana africana, con prisa por llegar a alguna parte. El bobo de patas azules alegra a quien lo mira. La paloma apuñalada lleva el corazón por fuera. ¿Para qué la música si el cenzontle canta? El estornino pinto carga una galaxia estrellada en el manto. La pintada vulturina viste siempre de gala. El eider de anteojos no te quita la vista de encima. El kakapo es un búho disfrazado. El color anaranjado se le ocurrió al gallito de las rocas. El carpintero no se despega de su caja de herramientas. Las plumas del ave del paraíso soberbia son tan negras que absorben casi toda la luz que las toca: un fantasma recorre el follaje de Nueva Guinea.

En China y en Japón es tradición regalar una pareja de patos mandarines en las bodas para asegurarle a los novios buena fortuna.

No existen pero podrían existir: un pájaro con ojos de astrolabio, un pájaro flecha que atraviese la carne de sus presas, un pájaro ministro de justicia, un pájaro asesino serial que logra evadir los esfuerzos de los detectives.

¿No son los zanates un pedazo abierto de noche, si me permiten estirar un poco la metáfora? El mundo está contenido en el pájaro, no viceversa.

¿En defensa del bufet?

La libertad de elegir nos gusta tanto que hemos librado guerras en su nombre. Tener alternativas es bueno, al menos en teoría, pues da paso a la variedad que ahuyenta al aburrimiento. En páginas reales o imaginarias, apuntamos ventajas y desventajas de las opciones disponibles hasta llegar a una decisión informada, sensata, estratégica. Luego el mundo nos rebasa.

Todo es risas y diversión hasta que nos enfrentamos, en el pasillo de aderezos del supermercado, a quince tipos diferentes de mayonesa: clásica, light, con chipotle, baja en grasa, con sriracha, con tocino. Unos metros más adelante, se nos vienen encima las cajas de cereal, las pastas de dientes, las lechugas vestidas de olanes. Lo mismo pasa en restaurantes cuyos menús son tan extensos que requieren ser empastados como libros (el de Andrés carne de res, en Colombia, pesa lo mismo que el chuletón de cerdo). Derrotados, ponemos la carta a un lado y le preguntamos al mesero: ¿Y usted qué recomienda?

Pero incluso para quienes nos resistimos al cambio, hay algo deliciosamente infantil, infantilmente delicioso, en el paisaje que forman las múltiples mesas del bufet: por acá la estación de mariscos frescos y ceviches, luego los guisados mexicanos, las pastas, la barra de ensaladas. Al fondo, junto a los postres, una señora rodeada de recipientes metálicos prepara quesadillas al gusto.

Los bufets, esos monstruos sin pies ni cabeza, nos llevan a tomar las decisiones más absurdas y vergonzosas. ¿Salchichas miniatura con mermelada? Perfecto. ¿Huevos a la mexicana con una rebanada de sandía y un pedazo de muffin de chocolate? De acuerdo. ¿Puntas de filete con granola? ¿Sushi con pasta primavera y un sopecito de papa con chorizo? ¿Chicharrón en salsa verde con ceviche de mango? Me atrevo.

¿No se te antoja otro pedacito de pastel azteca?

Para cuando llega el momento del postre hemos perdido las ganas de vivir. Pero no le hace, todavía queda espacio para el chocoflán, la gelatina mosaico y los duraznos en almíbar cubiertos por una misteriosa crema amarillenta de consistencia cuestionable. Si se puede un poquito de cada uno, mejor.

Una cosa lleva a la otra y de bocado en bocado de pronto ya estuvimos en la sobremesa el tiempo suficiente como para hacer un huequito y volver a la estación de guisados por un poco más de mole con pollo, para aprovechar. Como si no fuéramos a comer de nuevo en días, en semanas, en años, acaso nunca más, aprovechamos.

¿Cuántos crímenes culinarios se habrán cometido en nombre de la variedad? Pienso de pronto, con una nostalgia que me sorprende, en la fonda frente a mi universidad que ofrecía un guisado al día: lo que estaba fresco en el mercado, lo que se le había antojado preparar a la señora o hubiera logrado cocinar con los restos de días anteriores. Me gustaba sentarme a comer absolutamente confiada en el juicio de otra persona. Nunca quise tener opciones, prefería seguir platicando con amigos o pensando en el examen del día siguiente, en la canción de moda y demás placeres sencillos que el desbordamiento de la variedad no permite. En un bufet sólo se puede pensar en el bufet.

Durante años, mi familia acostumbró vacacionar en un hotel de Puerto Vallarta en donde, al amparo de una palapa gigante, estaba La Rarotonga: un bufet donde desayunábamos, comíamos y cenábamos. Como si pasarnos el día comiendo no fuera suficiente, guardábamos mangos y bollitos rellenos de queso crema en nuestras bolsas de playa, para después. Si cierro los ojos, alcanzo todavía a sentir la mirada flamígera del mesero sobre nuestras manos llenas de migajas. *Era el mejor de los tiempos, era el peor de los tiempos.*

Si bien la edad me ha vuelto un poco más prudente, sigo perdiendo el miedo al ridículo frente a un bufet: no te conozco, persona al otro lado de la página, pero apuesto lo que sea a que puedo armar una ensalada más alta que tú, un sándwich con más pisos, un omelet más decadente. Frente a opciones ilimitadas, el hambre también pierde sentido de la proporción.

El bufet es el punto más bajo de la gastronomía, pero también el más suculento. Es una hermosa y aberrante tempestad de sabores y texturas. Si los amo o los odio, no lo sé. Nunca los sugiero como lugar de encuentro y cuando paso frente a uno lo evito a toda costa, pero cuando no tengo de otra me entrego a ellos como esos niños que visitaron la fábrica de chocolate de Willy Wonka: estira la mano y come lo que encuentres. No se me escapa que murieron indigestados ese mismo día. Pero felices.

Síndrome de oído irritable

En el imperio sonoro nunca se pone el sol. Su territorio empieza en el umbral en el que abrimos los ojos —esos dos o tres minutos fuera del tiempo— y no da tregua hasta entrada la noche, cuando todo se calla y podemos dormir algunas horas de corrido.

Propongo una metáfora más ambiciosa: empieza cuando salimos expulsados del vientre materno y termina en el momento en que cerramos los ojos para entrar a nuestra última oscuridad.

Así de vasto es.

Pero aunque la llanura parece infinita, la atravesamos tan fugazmente que a veces tengo la sensación de que se trata de una habitación minúscula en la que los instantes de silencio —relativo, por supuesto; el silencio absoluto nos enloquecería— son tan escasos como el último rayito de sol que entra por la ventana. El resto del día, la esquina del mundo que habito es bastante escandalosa: una orquesta de motores, perros que ladran, martillazos, algo de fierro viejo que venda.

Permítanme tratar de reformularlo: detesto esa música de fondo. Perdón. De veras lo siento. Sé que la presente declaración me ubica en el club de los chocantes, entre las filas de aguafiestas que se quejan de la música en el piso de arriba, le piden al taxista que le baje al radio y callan al prójimo en el teatro.

Quisiera poder zafarme y decir que la edad me ha vuelto intolerante, pero la verdad es que siempre he sido así. Debe ser hereditario: mi madre le pedía a los meseros de las taquerías que apagaran la tele (claro que nunca le hacían caso) y mi padre solía salirse del cine cuando el volumen estaba demasiado alto. Y como también se hereda en horizontal, como esos árboles que se comunican a través de una red subterránea de micorrizas, algún efecto ha tenido en mí vivir durante años con un músico de oído muy delicado, por así decirlo, aunque no sé si *delicado* alcance para describirlo.

Les pongo algunos ejemplos: si alguien desafina al cantar, se vuelve loco; si un helicóptero se queda demasiado tiempo sobrevolando el departamento, se vuelve loco; cuando nuestra bebé llora mucho, lo cual ocurre más o menos dos veces al día; él se pone tapones o se vuelve loco. (Cabe mencionar que la dichosa bebé tiene el sueño ligero y debe dormir dos siestas al día. Cuando eso pasa, cuidar su sueño se convierte en una tarea sagrada, pues de eso depende su humor, y por extensión, el mío. Sería capaz de defender esas siestas con mi vida.)

Pero hagamos un alto, que no se trata de incriminar al prójimo. La culpable soy yo. *Mea culpa*: sé que parezco una nerd, y muy probablemente lo sea, pero también es cierto que mi capacidad de concentración es escasa. Escuchar algo me exige tanta atención que no puedo hacer otra cosa al mismo tiempo.

¿Quién sería capaz de pensar con Céline Dion cantando "My Heart Will Go On" a todo pulmón? ¿Con Shakira enumerando los lugares donde ha buscado a su amado (en el armario, en el abecedario, debajo del carro, en el negro, en el blanco, en los libros de historia, en las revistas, en la radio)? ¿Con Maluma baby y Marc Anthony sugiriendo que donde caben dos, caben cuatro? La música de fondo no me deja escribir, no me deja platicar, no me deja ni escuchar mis propios pensamientos (lo cual en ocasiones se agradece, pero ésa es otra historia). La cama destendida hace ruido, la cafetera bufa mientras espera su turno, los cepillos de dientes platican a gritos con la escoba. Y ni hablar de la bomba de agua, esa maldita caprichosa.

Entonces me quito la pijama, le pongo la correa a mi perra, salimos. Compro un café para llevar y me siento a escribir en el parque, en la banca que quede más lejos de la sinfonía de la jaula de los perros. Esquivo a los niños (incluso a la niña propia, si es posible) y a la señora platicadora. No levanto la mirada. No aflojo el paso. Cruzo los dedos y espero no encontrarme a nadie.

Cuando logro unos cuantos párrafos —palabras sin importancia, yo lo sé—, camino de regreso a casa más o menos feliz, más o menos satisfecha, más o menos dispuesta a sonreírle al prójimo: el efecto de unas cuantas horas de silencio. Hasta estoy pensando en mandar a hacer un letrero que diga silencio, bebé durmiendo y colgarlo en la puerta de la entrada. (Si pasan por aquí, por favor no toquen el timbre.)

Lentejas con manzana

Pienso a menudo en las lentejas de casa de mi abuela. Pienso más en ellas que en mi abuela misma, o quizá pienso en mi abuela a través de las lentejas, que en su casa se servían acompañadas de plátano macho y manzana en unos platos hondos tan bajitos que nunca contenían la cantidad suficiente de sopa. Para mí era tan normal que las lentejas fueran dulces, que cuando las comía en alguna otra casa pedía fruta para ponerle encima. Mi abuela permanece en la dulzura imprevista de aquel potaje.

Según un estudio reciente sobre los intrincados mecanismos de la memoria, los episodios de nuestra vida a los que volvemos con más frecuencia son, irónicamente, los menos fieles a la verdad. Los recuerdos se desgastan como los pantalones de mezclilla que usamos una y otra vez, se desgastan y cambian al punto de convertirse en otros. Quizás es por eso que mi hermano recuerda la sopa exclusivamente porque yo la saco al tema. Dice que no tenía

manzana, sólo plátano, y que ni siquiera era particularmente dulce.

Puede que tenga razón y que todo el asunto sea un en-
gaño. Al preguntarme cómo era la sopa de lentejas de casa
de mi abuela lo que quiero saber es cómo era mi abuela, una
mujer que recuerdo a medias. No solamente cómo fue antes
de que yo naciera, cuando aprendió astrología y construyó
una pirámide encima de su cama para recibir más directamente las energías del cosmos, sino cómo era frente a mí: su
andar lento con el tanque de oxígeno a cuestas, como un ca-
racol de hirientes ojos verdes. Cómo temblaba su mano al
cubrir sus waffles del domingo con una miel de maple que
de tan espesa tardaba una eternidad en caer; cómo to-
maba su tequila de medio día a sorbos minúsculos; cómo
partía el queso Cotija sentada en la mesita de fierro del patio, siempre un poco triste.

En mi familia todos estamos siempre un poco tristes.

No recuerdo haberle dicho adiós a mi abuela, busco todavía el momento de quiebre. El plato hondo, blanquísimo
con su filo negro, la inesperada dulzura del plátano y la
manzana en la sopa, su calor afligido, ¿dónde habita eso?
Llevo la vida hurgando y no lo encuentro. Por eso revuelvo
papeles, fotos viejas, esta sopa real: en ese vapor habito y
resplandezco.

Leer en silencio

El sonido que los libros entregan
no es un sonido y yo lo oigo.
PASCAL QUIGNARD

La primera vez que Agustín de Hipona visitó al obispo Ambrosio en Milán lo encontró leyendo en silencio. La práctica lo sorprendió lo suficiente como para mencionarla en sus *Confesiones*: *Sus ojos recorrían las páginas y su corazón entendía el mensaje, pero su voz y su lengua se quedaban quietas.* Leer en silencio, tan común para nosotros, era entonces una excentricidad: la lectura se hacía normalmente en voz alta y la recreación del texto escrito era con más frecuencia una actividad colectiva que un acto en solitario.

***

Mi mamá me leía un cuento en voz alta cada noche: "Con un ratoncito", "Iván el tonto", "Cosas fascinantes de los animales". En algún momento me aburrió escucharla o fingí que me aburría: los cuentos para dormir eran para bebés y yo ya podía leer de corrido. Orgullosa de mi superpoder recién adquirido, andaba por ahí con un libro y me sentaba en cualquier sitio a leerlo con esa seriedad de la que sólo son capaces los niños pequeños.

Cuando nadie me estaba viendo, leía en voz alta.

Más o menos por entonces, mi padre empezó a reunir a sus hijos alrededor de la mesa familiar para pedirles que recitaran un poema de memoria. Al final aplaudía, encantado con el espectáculo de su multiplicación genética. Así aprendí y olvidé muchos poemas, algunos de ellos medio cursis, como los de José Zorrilla o Salvador Díaz Mirón —*Serán mis fibras con otro aspecto, / ala y corola y ascua y vapor; / mis pensamientos transfigurados, / perfume y éter y arrullo y sol*—, y otros más potentes como "If", de Rudyard Kipling, o aquel en el que Borges se disculpa con sus padres por no haber tenido una vida feliz.

Serán las noches de cuentos en la cama o las comidas alrededor de la gran mesa; será la extinción definitiva de las voces amadas o la aparición reciente de otras nuevas, pero la lectura en voz alta es todavía uno de los mayores actos de amor en los que puedo pensar.

***

Quizá la palabra escrita no *se convierte* en sonido, *es* sonido. El psicólogo Julian Jaynes asegura que los ejemplos más tempranos del complejo fenómeno que hoy llamamos *lectura* fueron percepciones auditivas, no visuales. Leer fue alguna vez tan parecido a escuchar que, en una especie de alucinación acústica, para oír las palabras bastaba con mirar los símbolos que las representaban.

Aunque se lea con los ojos, dice Alfonso Reyes, la oreja, la laringe y la lengua perciben una repercusión fonética en las secuencias verbales, un movimiento, un ritmo. La voz es mucho más que su sonido: escuchar es una forma de contacto, una manera de mirar y oler y probar. Para Pizarnik, cada palabra dice lo que dice y además más y otra cosa.

***

Según algunos expertos, que en la Antigüedad sólo se acostumbrara leer en voz alta es un mito que disfrutamos creernos, a pesar de la evidencia que apunta a lo contrario. Puede ser... pero también podríamos pensarlo de otro modo: la lectura en silencio no existe ni ha existido nunca porque hasta en las habitaciones más quietas, en las bibliotecas y salones de clases más estrictos, en los rincones más remotos, resuena siempre la voz interior.

***

Tal vez el Sócrates platónico tenía razón en su desprecio por los libros. Para él, la palabra escrita era una buena herramienta para la memoria y nada más, porque al final es sólo una cosa que por sí misma no aporta nada. Los libros se inclinan hacia lo definitivo y, comparados con la conversación, salen debiendo: a ellos no podemos preguntarles nada.

***

Emilio no sólo lee en voz alta, lee con el cuerpo entero. Hace voces, gesticula, canta, agita los brazos, se levanta, tensa y agita la quijada, abre exageradamente los ojos, da una vuelta, se pone en cuclillas y se vuelve a sentar. De escucharlo no me cansaré nunca.

> Vamos a hablar del Príncipe Cáncer,
> Señor de los Pulmones, Varón de la Próstata,
> que se divierte arrojando dardos
> a los ovarios tersos, a las vaginas mustias,
> a las ingles multitudinarias.

A media lectura me mira, como sometiendo a mi juicio su entonación o buscando en mi gesto esa grieta que ama.

Mi padre tiene el ganglio más hermoso del cáncer. Entonces me quiebro. Leer en voz alta es tocar el cuerpo del otro sin acercarse a él.

Carta de amor a las hormigas
del patio de mi vecina

La maternidad es un territorio de culpas. La culpa, para empezar, de haber invitado a mi hija a vivir a un lugar que se transforma de maneras que no alcanzo a entender. La culpa de no ser la intérprete que ella necesita, la de quejarme de nuestra situación mientras el personal de salud trabaja turnos imposiblemente largos, sus caras deformadas por goggles y cubrebocas. Finalmente, una culpa muy particular que me ha invadido en semanas recientes: la de preguntarme cómo sería la vida en soledad y fantasear con lo que hubiera podido hacer en estos meses de encierro si mi tiempo fuera mío. Cuántos libros leídos, páginas escritas, artículos traducidos, recetas de pan de plátano dominadas. Cuánta firmeza devuelta a mis músculos de cuerpo recién partido.

***

Durante la pandemia he aprendido de memoria los hábitos de mi vecina, una señora mayor que habla con las plantas. Su vida no es particularmente interesante, pero es distinta a la mía y con eso basta por ahora. Además, tiene un timbre de voz difícil de ignorar. Esta tarde, por ejemplo, le dijo a alguien por teléfono:

—Fíjate que el papá del doctor Suárez está contagiado del bicho. Seguro la esposa también y quién sabe si sobrevivan, ya ves que es familia de gordos. A ver cuántos quedamos vivos para Navidad.

La conversación se repitió una y otra vez en un tono cada vez más catastrófico, como si participara en una siniestra competencia de transmisión del chisme convocada por alguna compañía de telecomunicaciones. Pero en la vida real mi vecina es más alegre, incluso algo irresponsable frente al mandato de confinamiento: organiza carnes asadas los domingos, convoca a trabajadores que vienen a hacer mejoras no esenciales al edificio y les chifla a los pájaros para que bajen a sus macetas a comer alpiste.

El mismo alpiste que devoran las hormigas que por las noches vienen a buscar la leche que dejo regada en mi cocina cuando preparo las mamilas.

***

La regla general de la pandemia es la repetición. Para los que tenemos el privilegio de quedarnos en casa (aunque por momentos no se sienta así), las fronteras entre los días de la semana se disuelven. Transcurre un tiempo distinto, denso, elástico, marcado no por el reloj sino por los ciclos de sueño y alimentación de la bebé. Para distraerla con una falsa sensación de cambio, pasamos de una habitación a otra y nos turnamos para lo esencial: lavar las mamilas, barrer, poner frijoles en la olla exprés y tortillas en el fuego, llenar el plato de la perra con croquetas y la botella con gel antibacterial. En esa danza de lo inmediato descubrimos rincones donde se acumulan el polvo y las arañas, espacios ideales para tomar el sol que no habíamos notado en cinco años.

Las imágenes del futuro que durante el embarazo se repetían en mi imaginación han perdido sentido: Aurelia los domingos en casa de los abuelos, Aurelia rodeada de globos y serpentinas en su primer cumpleaños, Aurelia en uniforme de primaria, bien peinada y mirando a la cámara, Aurelia adolescente, encontrando motivos para odiarme. Ahora sólo puedo pensarla como la bebé que es, con sus rodillas y sus codos de leche, aplastando hormigas con el dedo.

***

Los días son donde vivimos, dice un poema de Philip Larkin que repito en voz baja como mantra. *Están para que seamos felices en ellos*, continúa con candor irresistible, y luego remata, resignado: *¿Dónde podemos vivir sino en los días?*

***

Rebecca Solnit dice que le gusta pensar en la pandemia como un cuento de hadas: el monstruo del coronavirus nos tiene atrapados en la torre más alta del castillo, donde pasamos el tiempo pensando en maneras de estar juntos en la distancia y cosiendo cubrebocas tras cubrebocas en un esfuerzo que describe como "épico". Todos queremos saber cómo acaba el cuento, pero apenas vamos a la mitad y no tenemos pócimas para adelantar el tiempo. Sólo nos queda entregarnos con sabiduría a la incertidumbre. Saber que no sabemos.

***

Aunque no me siento a tomar café con mi vecina ni me sé de memoria los nombres de sus plantas, me siento vinculada a ella. Estamos unidas con hilos invisibles, como estoy unida a las personas que caminan en el parque, a los pájaros, a las hormigas que se roban la leche de mi hija. Tuvo que venir una pandemia a enseñarme esa verdad tan simple.

***

El cuerpo de mi hija ha impuesto su ritmo sobre los habitantes de la casa. Nos movemos con más cautela, como si hubiéramos descubierto los ritmos sosegados de la repostería, la lenta cocción de las papas y las zanahorias. La perra no entiende qué tipo de criatura hemos invitado a vivir con nosotros, pero la protege de cualquier modo y hasta las plantas se alegran cuando la bebé las mira.

***

La pregunta ya no es cuánto tiempo falta, sino los días que estamos contando, ¿para qué?

***

Durante las primeras semanas nos sentábamos los cuatro en el sillón de la sala —mi esposo, mi hija, la perra y yo— y veíamos el informe del subsecretario de salud religiosamente a las siete de la tarde para enterarnos de las cifras de contagios y muertos. La multiplicación de cadáveres nos alteraba, pero también constituía una especie de ritual siniestro. A esa ahora declarábamos el día por terminado: quedaba sólo la cena, el baño de la bebé y ver algo en la tele hasta quedarnos dormidos.

Las cosas cambiaron el domingo pasado, cuando pusimos *El padrino* y la vimos con nuestra hija acostada a nuestro lado. Al principio dormía, pero la película es larga y ella despertó justo en el momento en que el nuevo don Corleone ejecuta su plan maestro durante el bautizo de su ahijado (otra para el catálogo de culpas: que tu hija quede salpicada con la sangre de la pantalla). Dieron las siete, las ocho y para los créditos finales ya había terminado también de hablar el subsecretario López-Gatell. No volvimos a ver la conferencia.

***

De haber vivido esta pandemia, una versión zen de Larkin habría escrito: *El momento es donde vivimos.*

***

Tengo debilidad por las imágenes falsas de animales apropiándose de espacios vacíos de seres humanos: delfines en los canales de Venecia, orangutanes que aprenden a lavarse las manos, elefantes borrachos tomando la siesta en una plantación de té. *Da igual que sea falso*, escribe José Luis Espejo, *lo importante es constatar la necesidad de las personas por reconciliarse con el mundo cuando ya no tienen idea de cómo hacerlo.*

***

Imaginar las posibilidades de una cuarentena en solitario abre un abismo repentino entre la bebé y yo, una distancia que los libros de maternidad no mencionan. *Si tuviera una hora, una sola hora, terminaría ese texto que tengo atrasado*, pienso. *Podría llamarle a mi hermano, lavar los platos, hacer ejercicio.*

Justo entonces, como para llevarme la contraria, mi hija deja de llorar y se hunde en el sueño. Ahí están, listas para que las tome, dos horas limpias. Pero me quedo en el sillón, incapaz de tomar un libro o pararme por mi cuaderno de notas, sin ganas de prender la computadora ni hablar por teléfono con nadie. Si bien escribir puede ser un oficio volcado al interior, hilar palabras es arrojarse al futuro y en este momento no puedo dar ni un paso adelante.

Las hormigas en cambio no dejan de hurgar túneles en la pared con sus patitas minúsculas.

Maneras de desaparecer

Neddy Merril, el personaje de John Cheever que decide regresar a su casa nadando por el río Lucinda, la hilera de piscinas de sus vecinos, agradece vivir en un mundo tan generosamente abastecido de agua. Todo va bien, o eso cree, hasta que llega a donde los Welcher y descubre que la alberca está vacía. Ese hueco inesperado en su camino acuático lo desconcierta: ¿por qué harían los Welcher algo así? Los camastros, plegados y amontonados, están cubiertos por una funda; el vestidor, cerrado con llave. Afuera, clavado en un árbol, un cartel que dice EN VENTA. Sus vecinos no piensan volver.

Pero no todas las albercas vacías están abandonadas. Algunas son obras de arte, como la del argentino Leandro Erlich en el Museo de Arte Contemporáneo Siglo XXI, en Kanzawa, Japón: una instalación en la cual el público se pasea por dentro de una alberca aparentemente llena. Para los que están arriba, parados sobre una lámina de vidrio que simula una membrana de agua, la ilusión óptica consiste en ver cómo los de abajo caminan con normalidad.

Otras albercas son parques para los *skaters*, que empezaron a usarlas en California durante la sequía de 1975, cuando algunas familias decidieron vaciarlas para abastecerse de agua. Sus curvas fueron entonces el lugar perfecto para imitar los movimientos del surf sobre las olas de cemento, el único sitio más o menos clandestino donde podían practicar en libertad hasta que anocheciera o hasta que llegara la policía.

Hay albercas vacías que están llenas pero no de agua apta para nadar, sino de jardines, mesas de un restaurante improvisado, canchas de futbol. Montando una espontánea instalación artística, un hotel de Dallas rellenó su alberca de cemento pero decidió conservar la escalera metálica que no conduce a ningún lado. En la orilla, una advertencia sobre su profundidad: *no diving / depth varies.*

En un poema de su libro *Principia*, Elisa Díaz Castelo piensa el universo como una alberca vacía en la que los niños reconocen el líquido por su ausencia.

Quizá basta el recuerdo de aguas pasadas. ¿Qué tan pasadas? La alberca más antigua de la que tenemos registro es la de los grandes baños de Mohenjo-Daro, en Pakistán: doce por siete metros de ladrillos de barro vueltos impermeables por una capa gruesa de alquitrán. Construido en el tercer milenio antes de Cristo, todo indica que el lugar tenía funciones religiosas y sus ruinas se han convertido en objeto de admiración y estudio. Así fue como una alberca vacía terminó en el billete pakistaní de veinte rupias.

***

Pero yo quiero hablar de mi alberca, que un día se convirtió en la alberca vacía de los Welcher. Mejor dicho, quiero hablar del archipiélago que fue mi alberca: la isla de la limonada en vasos pesados, la isla de las alergias, la isla de los nombres olvidados, la isla de los alacranes náufragos, la isla de algas de cáscara de pepino, la isla de los cachorros ahogados, la isla Metástasis.

***

Las albercas son escenarios de sucesos terribles. Pienso por ejemplo en la que aparece, rebosante de barro y esqueletos reales, en *Poltergeist*, la primera película de terror que recuerdo haber visto. O en la alberca vacía donde pusieron a pelear al Coffee, el rottweiler de *Amores perros*. En otra categoría de historias de terror, está una que me contaron hace años, de la cual recuerdo apenas los detalles necesarios: la alberca vacía de un hotel en Tepoztlán en la que un hombre, creo que extranjero y supongo que muy borracho, se aventó un clavado contra el concreto. No sé si sobrevivió, pero a menudo pienso en ese cuerpo en suspensión, cabeza abajo y rodillas en escuadra, trazando una vertical perfecta. Dos terceras partes de agua que nunca se toparon con su equivalente líquido.

La alberca de casa de mi padre no era demasiado profunda, pero carecía de escaleras para salir. En sus aguas se ahogaron varios perros, entre ellos un cachorro de setter irlandés al que mi madre adoraba. El mito familiar dice que lloró tres semanas sin parar y que el accidente la mandó directo al diván en el que meses después decidiría pedir el divorcio.

Algo parecido le pasó a Tony Soprano cuando los patos que llevaban dos meses instalados en su alberca se largaron, provocando el ataque de pánico con el que la serie arranca. La alberca se mantiene como un personaje importante hasta la quinta temporada, cuando Carmela decide vaciarla para ahorrarse unos dólares y Tony se queda sin lugar para tomar el sol.

**

Hubo otras albercas en mi infancia. Una estaba en la academia de natación Florida, que todavía existe en la calle de Vito Alessio Robles. Cada martes y jueves empacaba el traje de baño y el gorrito azul para la clase, y mi madre me miraba a través de los cristales de la cafetería durante dos horas. Dado que jamás aprendí a tirarme clavados hacia delante sin sacar agua, no pasé del segundo nivel. Unos años más tarde, cuando mis primos me obligaron a aventarme de una plataforma de diez metros en un club deportivo de San Luis Potosí, aterricé de panza como una tabla en horizontal y perdí el aliento de tal forma que hubo que llamar al paramédico. No volví a la academia Florida. Para ese momento ya pisaba el fondo de la alberca de mi casa y sabía lo suficiente para no ahogarme en la del hotel de Puerto Vallarta donde pasábamos las vacaciones.

Las albercas empiezan y terminan en cualquier lugar. Se mezclan hasta formar un poliedro irregular de bordes difusos, un depósito de agua fuera del mundo. Su arquitectura se parece a la biología: cada una toma sustancias del medio que la contiene y las transforma, se multiplican y se desbordan de maneras que no llegaremos a entender.

***

En agosto de 1897, Thomas Alva Edison grabó dos películas que muestran a un montón de bañistas que se avientan, desde un tobogán de cinco metros, a una alberca en la que ya chapotean decenas de personas. Las cintas, que todavía pueden verse en internet, fueron filmadas en los Baños Sutro, un balneario de agua salada que estuvo ubicado en el extremo noroeste de San Francisco, California, y que en algún momento albergó siete albercas a diferentes temperaturas en las que podían nadar diez mil almas al mismo tiempo.

Equipados con toboganes, cuerda floja, vestidores privados, secciones de gradas, un jardín oriental y un museo de objetos exóticos, la prosperidad de los Baños Sutro fue efímera. Su fundador, el ingeniero y empresario judío-alemán Adolph Heinrich Joseph Sutro, falleció tan sólo cuatro años después de su construcción, y para entonces los costos del sistema de calentamiento del agua eran tan altos que sus herederos convirtieron los baños en una pista de patinaje sobre hielo.

Eso también duró poco: el golpe por duplicado del terremoto de 1906 y la Gran Depresión terminaron por llevar a la familia a la quiebra. Tras años de abandono, en 1964 la propiedad fue adquirida por el empresario Robert Fraser, quien rápidamente programó su demolición para construir ahí un complejo de condominios de lujo.

El espíritu del agua, no obstante, opuso resistencia: el 26 de junio de 1966 un misterioso incendio terminó de derribar la estructura y poco después el terreno pasó a manos de la ciudad. El fuego arrasó con todo de una manera tan meticulosa que muchos pensaron que el percance había sido provocado por los desarrolladores del proyecto de condominios, que huyeron de la ciudad con el dinero del seguro.

Desde 1973 las ruinas de los Baños Sutro forman parte del Área de Recreación Nacional de Golden Gate, el parque urbano más grande del mundo. Si bien el lugar no conserva su gloria pasada, los contornos de las albercas pueden adivinarse en las rocas, entre escalones y estructuras oxidadas. La vista en cambio es tenaz: los turistas que caminan hoy sobre los restos de concreto ven exactamente el mismo mar que los nadadores que solían tirarse de los trampolines.

El 22 de agosto de 2010, medio siglo después de que el fuego terminara de vaciar las albercas de los Baño Sutro, una chispa de desconcierto incendió la memoria de mi padre. Fue ahí, tras pasar la tarde caminando por el Parque del Golden Gate, que tuvo lugar el primer episodio de una confusión que derivaría en una demencia cruel. A partir de ese viaje se dedicó a recorrer las ruinas de sus recuerdos tan metódicamente como pudo, avanzando a tientas como los bañistas en la cuerda floja del antiguo balneario. Durante años registró las alteraciones de ese paisaje interior en infinitos papelitos que guardaba en libros o adentro de algún cajón. Luego la catástrofe del cáncer terminó por darle una partida más repentina, menos parsimoniosa, ahora pienso incluso que más clemente.

El tumor fue un tapón que impidió que la alberca de su memoria se vaciara por completo.

***

Mi vida adulta ha estado desprovista de albercas felices. Cuando me topo con alguna, pienso en las horas que pasaba rescatando insectos ahogados con hojas secas, contando los segundos que era capaz de aguantar la respiración debajo del agua. Me hubiera gustado saber entonces que los placeres acuáticos durarían tan poco, pero la juventud es ingenua. Tal vez me pase la vida buscando las albercas que me faltan.

A mi padre también le gustaba tomar el sol junto a la alberca. Se sentaba sobre una toalla en su traje de baño diminuto. En una mano sostenía un libro o un caballito de cristal grueso, con la otra comía pistaches y colocaba las cáscaras a un lado con un sosiego que se permitía exclusivamente en ese contexto. La cercanía del agua suavizaba sus ángulos, dotando a sus movimientos de una desfachatez impensable a unos metros de distancia. De pronto detenía la lectura para meterse a nadar y al salir, escurriendo todavía, presumía su cuerpo musculoso haciendo ejercicios de flexibilidad. Así fue desde que nací y hasta que naufragamos en la isla Metástasis. Ahí no había espacio para estirar las piernas.

***

La alberca marcó las estaciones de nuestra infancia. Cuando cumplí diez años, mi hermano metió al vestidor un colchón viejo, llenó las paredes de posters de *heavy metal* y se dedicó a fumar hasta que el olor a cigarro se impregnó tanto que ahuyentó a los más chiquitos. Luego la habitación se puso a disposición de un capricho distinto y otro de mis hermanos instaló ahí un cuarto oscuro (un capricho con cierto sentido semántico: para revelar fotografías había que sumergirlas en una serie de albercas de químicos).

¿No es la alberca misma una fotografía, un campo de acción delimitado por su perímetro?

Eventualmente las islas quedaron abandonadas y mantener la alberca se volvió insostenible. Yo, que para entonces vivía en otra ciudad, cuando iba de visita la encontraba siempre convertida en un cuadrado de agua enverdecida: ya nadie le ponía cloro ni la calentaba para nadar ni recogía las hojas secas.

No fue fácil decidir si vaciar o no ese oráculo de mosquitos que registraba el estado de ánimo de la casa. Queríamos ahorrarnos los químicos, pero temíamos que los cambios de temperatura del ambiente provocaran en su interior grietas y fisuras que al final encarecieran el proceso de venta de la propiedad. ¿Y si un día encontrábamos el cadáver hinchado de un desconocido sobre el cemento? ¿Y si nuestro padre volvía con un plato lleno de pistaches y encontraba la alberca vacía?

***

Todas las albercas llenas se parecen unas a otras, pero cada alberca vacía está vacía a su manera.

***

No satisfecho con poner albercas en lienzos, en 1988 David Hockney pintó el interior de la alberca del Hotel Roosevelt, en Hollywood. Tuvieron que vaciarla, claro, para poder llenarla de suaves curvas azules que forman un patrón que permanece quieto cuando el agua está en reposo, pero que murmulla cuando llegan las visitas.

Los trazos de Hockney son los signos de puntación del lenguaje de la alberca llena. El agua busca maneras de comunicarse con el rayo de luz clavadista que la atraviesa en diagonal, con las burbujas que salen del traje de baño de los nadadores, con los azulejos que crujen al desprenderse del piso. Cualquiera que se haya sumergido en una alberca sabe de qué música hablo.

¿Qué dicen en cambio las albercas vacías? Tal vez su geometría eche de menos el temblor impreciso del viento sobre la superficie líquida, los cuerpos que ondulan como peces de cuatro patas, la historia que en ella se nadaba. ¿Esperan al agua o al cuerpo que la agita? Tal vez se alegran y no esperan nada. Si, como propone Vivian Abenshushan en su "Meditación sobre las albercas", la alberca llena carece de esperanza porque es perfecta, entonces la alberca vacía es pura esperanza de futuro. Es necesario estar vacía para poder volverse a llenar.

***

En "Burnt Norton", el primero de sus *Cuatro cuartetos*, T. S. Eliot hace un recorrido por el jardín que rodea una mansión en ruinas que visitó en 1934. En la primera sección, por el efecto conjunto del recuerdo y de la luz, un estanque vacío parece llenarse fugazmente de agua solar:

Y miramos entonces el estanque drenado.

Seco el estanque, seco el concreto, pardos los bordes.

Y se llenó el estanque de agua solar,

En silencio, en silencio se alzaron lotos.

La superficie brilló desde el corazón de la luz.

Y ellos quedaron tras nosotros, su reflejo en el agua.

Luego un verso completa esa película perfecta: *luego pasó una nube y se vació el estanque*. Es cierto. *El género humano no puede soportar tanta realidad.*

***

No le guardo rencor a la alberca de casa de mi padre. Así como las albercas no son su agua ni su forma, sino el espacio que comparten, yo también me he convertido en un contenedor acuático. Soy donde no estoy: habito el pasado, los recuerdos ajenos, los espacios donde hubiera vivido si tan sólo.

La última vez que estuve en mi alberca vacía, el pasto había crecido demasiado y el vestidor, que tantas cosas fue y dejó de ser, se caía a pedazos. El concreto estaba lleno de grietas y moho, como una ciudad recientemente convertida en ruinas. Me quedé mirando la alberca largo rato, sin acercarme. Ella estaba abandonada. Yo vacía.

Créditos

Algunos de los ensayos incluidos en este libro aparecieron, en versiones anteriores y en algunos casos con nombres distintos, en el volumen *Alberca vacía*, publicado en 2019 por la editorial regiomontana Argonáutica y la Universidad Autónoma de Nuevo León: "Mi madre vive aquí", "Contra la fotografía", "Breve historia de las virtudes perrunas", "Esto no es una metáfora", "Elogio de Nosferatu", "Notas para una versión de segunda mano", "Cuaderno de aves" , "Leer en silencio" y "Maneras de desaparecer". Además, "¿En defensa del bufet?" y "Lentejas con manzana" fueron publicados en el portal web *Hoja Santa*; "Síndrome de oído irritable", en la plataforma *Vano Sonoro*, y "Carta de amor a las hormigas del patio de mi vecina" formó parte de la serie *Bitácora del encierro*, un proyecto impulsado por la Universidad Autónoma Metropolitana Cuajimalpa y Editorial Diecisiete.